Harry Prünster

Die Pointe kommt am Schluss

Anleitung zum Witze-Erzählen

Humorvoll illustriert von

Reinhard Habeck

UEBERREUTER

ISBN 978-3-8000-7379-5

Cover & Layout: Kurt Hamtil, Wien
Coverfoto: © ORF

Druck: Druckerei Theiss, 9431 St. Stefan i. L.
Gedruckt auf Salzer Papier
7 6 5 4 3 2 1

Ueberreuter im Internet: www.ueberreuter.at

Inhalt

Was ich Ihnen nicht verschweigen darf!

Dieses Buch versteht sich selbstverständlich NICHT als wissenschaftliche Anleitung zum Thema „Wie baut man eine Pointe richtig?", sondern sollte für jeden lustiger Anreiz sein, bei passender Gelegenheit einen Witz perfekt einzustreuen. Außerdem möchte ich hiermit eine Lanze für das Image des Witzes brechen, denn etymologisch betrachtet, wurde das Wort „Witz" vom althochdeutschen „wizzi" abgeleitet, was so viel heißt wie „scharfe Beobachtung" bzw. „geistige Wendigkeit". Wer „wizzi" hatte, verfügte über „Gewitztheit" und wurde hoch geschätzt. Viele Beispiele von Witzen werden dieser Anforderung durchaus gerecht, denn mit ihrer überraschenden Wende am Schluss – der „unvorhersehbaren" Pointe – versetzen sie uns in Erstaunen bzw. Verwunderung und bringen uns zum Lachen.

Ein Beispiel gefällig?
Ein Mann bestellt einen großen Braunen, kaum ist er serviert, beschwert er sich: „Herr Ober, der Kaffee riecht nach Cognac!" Der Ober geht drei Schritte zurück und meint: „Jetzt immer noch?"

Haben Sie gelacht? Wenn ja, dann verfügen wir über einen ähnlichen Witz-Geschmack, besser gesagt Humor. Und schon sind wir beim nächsten Problem: Witze funktionieren nicht überall gleich. Wie so vieles ist auch der Humor mentalitätsbezogen, d. h. ein und derselbe sehr gut erzählte Witz kann in Wien durchaus ein Schenkelklopfer, in der Steiermark nicht einmal ein Schmunzler sein.

Und eins noch: Einem **professionellen** Witze-Erzähler liegt ausschließlich die Pointe am Herzen, jeder Auftritt ist für ihn nichts anderes als ein Spiel. Er liebt es, sein Publikum lachen

zu sehen, es mit unterschiedlichen Pointen und Witztypen zu testen und zu fordern. Niemals will er beleidigen oder schadenfroh jemanden bloßstellen, er ist weder rassistisch noch hat er eine Ablehnung gegen Schwiegermütter oder Fußballer. Ihm geht es einzig und allein um **die perfekt vorgetragene – ja kunstvoll gesetzte Pointe,** jedoch niemals ohne Rücksicht auf Verluste, nein – er handelt bei der Auswahl verantwortungsbewusst und beweist damit Respekt vor seinem Auditorium.
So hoffe ich, mit einem Großteil der angeführten Witze Ihren Geschmack zu treffen und wünsche Ihnen viel Spaß beim Studium!

Schmähoretisches

Um in weiterer Folge mit den Ausdrücken „Witz“ und „Humor“ unmissverständlich operieren zu können, seien diese zuerst einmal aus meiner Sicht definiert.
Das Wort „Witz“ als Bezeichnung für Scherzhaftes gibt es erst seit dem 19. Jahrhundert. Für mich ist der Witz eine Kurzgeschichte, an deren Ende eine Pointe – also eine unvorhersehbare Sinnwendung – steht. Dieser geistreiche Knalleffekt folgt einer ganz logischen Formel: Das wichtigste Wort, das der Geschichte den entscheidenden Sinn gibt, muss, auch wenn es grammatikalisch manchmal nicht richtig ist, möglichst am Schluss fallen. Langwierige Erklärungen und Ausschmückungen des Textes verzögern nur unnötig und geben außerdem dem witzerfahrenen Zuhörer die Chance, die Pointe zu erahnen, bevor der Erzähler am Ziel angelangt ist. Wenn das passiert, fällt der Lacher kläglich oder – noch schlimmer – gänzlich aus.

Ob ein Witz als witzig empfunden wird, hängt stark von der Mentalität, der Kultur und der politischen Situation eines Landes ab. Während Österreich als eines der humorvollsten Länder gilt, weil wir einigen Tests zufolge über viele verschiedene Witztypen lachen können, zeichnet England zum Beispiel für den schwarzen Humor verantwortlich. In Ländern wiederum, in denen wenig von Demokratie und Freiheit zu spüren ist, blüht der politische Witz. So wird der Witz zum Ventil, da Lachen nicht nur bekanntlich sehr gesund ist, sondern auch befreit.

Damit wären wir beim Humor angelangt. Es mag kurios klingen, aber wer Witze erzählt, muss nicht zwingend humorvoll sein. „Humor ist, wenn man trotzdem lacht." Dieses Zitat von Otto Julius Bierbaum (dt. Schriftsteller, 1865–1910), der wohl meiststrapazierte Satz in der Diskussion über Humor, bezeichnet jenes Lachen, das häufig auftritt, wenn man in Bedrängnis gerät. Diese Interpretation liegt nahe, da dem Wort „trotzdem" eine ganz besondere Rolle zukommt. Dieses Lachen fällt für mich eher unter die Kategorie „Verlegenheitslachen" – sicher ein wichtiger Teilaspekt, aber nicht die Quintessenz. Die lexikalische Definition des Wortes Humor lautet: „eine gelassene und heitere Einstellung gegenüber Widrigkeiten". Noch allgemeiner gefasst, mit einem Blick ausschließlich auf das Ergebnis, könnte man sagen, dass Humor alles ist, was Lachen hervorbringt – sowohl das Lachen über sich selbst (Selbstironie) als auch das mehr oder weniger vernichtende Lachen über andere.

Ich fasse den Begriff viel enger und beschreibe ihn gern folgendermaßen: Humor ist, ein ganz besonderes Interesse und Sinnverständnis für Pointen zu haben. Witz geht von einem aktiven Sender (= Erzähler) aus, Humor benötigt vor allem der Empfänger. Ein humorvoller Mensch verfügt über zahlreiche Antennen, die nach Witz, Satire, Anekdote, Bildwitz, Ironie, Selbstironie etc. Ausschau halten. Wenn der Zuhörer über viel Humor verfügt, hat der Erzähler das ideale Publikum gefunden. Der wirklich Humorvolle interessiert sich für alles, was **echten** Witz hat, d. h. Scharfsinn und geistige Wendigkeit erfordert. Er ist anspruchsvoll und kennt sich im Land der Clowns aus. Das wiederum heißt, er lacht **nicht** über jeden

VERLEGENHEITSLACHEN

Blödsinn, sondern differenziert ganz klar. Sein wertvolles Lachen bekommt man als stolze Belohnung für eine perfekt gesetzte, gute Pointe.

„Dass man oft oder viel, und zu allen Sachen lachet, daran erkennet man einen Narren; gar nicht oder um keiner Sache willen zu lächeln, ist den Wahnsinnigen gemein; darum halte die Mittelstraße." (Ernst Friderich Zobel, Nürnberg 1775)

Erzähltechnik

Die Sprache

Einer der wichtigsten Grundsätze nach der exakten Konstruktion der Pointe lautet: In der Kürze liegt die Würze. Geradezu zwingend notwendig erscheint eine prägnante, ohne Schnörkel versehene Sprache im Aufbau der Geschichte.

Hans trifft seinen Freund und erzählt voller Begeisterung: „Stell dir vor! Ich stehe gestern vor einem Automaten, werfe einen Euro ein, und was glaubst du, was herausgekommen ist?" „Mmh", meint Max etwas nachdenklich, „ich schätze, eine Wurstsemmel." „Richtig!", jubelt Hans und setzt fort: „Ich werf' wieder einen Euro ein, angezogen, ha – Wurstsemmel, wieder einen Euro hinein, angezogen, Wurstsemmel, einen Euro hinein, angezogen, Wurstsemmel ... Auf einmal bin ich bis zu den Knien in den Wurstsemmeln gestanden." Darauf meint Max: „Aber warum hast du denn nicht aufgehört?" „Bist narrisch", erwidert Hans, „mitten im Gewinnen!"

Diesem Witz würde man einiges von seiner Wirkung nehmen, wenn der Erzähler folgendermaßen endete: „Während des

Gewinnens werde ich doch nicht aufhören zu spielen." Da die Lösung der Geschichte mit dem Wort „gewinnen" schon gefallen ist, erübrigt sich jede weitere Ausführung. Außerdem gilt bei 90 Prozent aller Witze eine goldene Regel: Je näher man der Pointe kommt, umso höher wird das Sprechtempo.

Wie macht man's richtig?
Wenn der Erzähler diesen Witz spielt, d. h. wenn er mit unterschiedlichen Stimmen für die beiden handelnden Personen agiert, dann verkürzt bzw. verdichtet sich der Witz, die Pointe sitzt einfach besser.

Treffen sich zwei Freunde:
„Stell da vor, Max! Steh' i gestan vor an Automaten, wirf' einen Euro eini, und wos glaubst, wos ausakemman is?"
„Ja, ich schätze, eine Wurstsemmel."
„Richtig! Ich einen Euro hinein, angezogen, ha – Wurstsemmel, wieder einen Euro hinein, angezogen, Wurstsemmel, einen Euro hinein, angezogen, Wurstsemmel. Auf einmal bin ich bis zu den Knien in den Wurstsemmeln gestanden."
„Aber Hans, warum hast du denn nicht aufgehört?"
„Bist narrisch, mitt'n im G'winnan!"

Warum Verwirrung stiften?

Zwei Kollegen treffen einander auf der Straße. Sepp schleppt zwei schwere Koffer, stellt sie schweißgebadet ab und meint: „Servus, ich habe es zwar ziemlich eilig, aber ich muss dir unbedingt etwas zeigen." Er deutet auf seine neue Uhr auf dem Handgelenk: „So etwas Tolles hast du überhaupt noch nie gesehen. Schau, wenn ich da oben drücke, habe ich die Radioprogramme der ganzen Welt. Wenn ich hier unten drücke, habe ich die Fernsehprogramme der ganzen Welt. Das Ziffernblatt wird zum Bildschirm. Wenn ich links drücke, dann kann ich meine E-Mails abrufen, und wenn ich rechts drücke, na klar – es ist ja eine Uhr, dann habe ich die Uhrzeiten der ganzen Welt."
Franz staunt ziemlich, fragt aber gleich: „Und wohin fährst du jetzt?"
„Wohin soll ich fahren?", wundert sich Sepp.
Franz: „Ja, wegen der Koffer!"
Sepp: „Nein, nein, das sind die Batterien."

Diese Geschichte beweist herrlich, dass Witze nicht nur von Schadenfreude leben. Außerdem lockt der Erzähler den Zuhörer mit der Frage „Und wohin fährst du jetzt?“ noch einmal auf eine falsche Fährte, die er in der Einleitung mit dem Satz „… ich habe es zwar ziemlich eilig …“ schon heimtückisch vorbereitet. Während man sich noch auf die technischen Feinheiten der Uhr konzentriert und annimmt, dass jetzt gleich die Lösung kommen muss, folgt man blitzschnell dem Wort „fahren“, man verlässt die Spur einer technischen Lösung. Dem Witz würde viel an Würze fehlen, wenn der stolze Uhrbesitzer nach der Beschreibung der Knopffunktionen, indem er auf die Koffer deutet, selbst hinzufügte: „Der einzige Nachteil sind die schweren Batterien.“

Die Bedeutung des Stilmittels

Entgegen jeder Rhetorikregel hilft beim Witz auch oft in der Hinführung eine schwer verständliche Sprache wie z. B. ein Nuscheln. Man erzeugt, so paradox dies klingen mag, dadurch Aufmerksamkeit. Schlecht wäre es, wenn dieses Stilmittel bis zur Pointe durchgezogen wird. Der Schluss folgt wieder unserem eingangs erwähnten Prinzip: klare und deutliche Sprache. Ein Beispiel für einen solchen Witz kann man nur als Hörprobe abgeben, schriftlich lässt sich das eigentlich nicht verdeutlichen, vielleicht liegt auch darin der Grund, dass ein Witzbuch meistens enttäuscht, weil sich nur der Profi bzw. der gut Geschulte den Inhalt zurechtrückt und einer Humoreske die richtige Inszenierung zu geben vermag. Anders gesagt, manch Geschriebenes wird erst „bühnenreif“, wenn ich es in einem speziellen Dialekt wiedergebe, ein Original parodiere, die Stimmung wechsle u. v. m.

Allein diese Tatsache bewog mich, diesem Buch auch eine CD anzuhängen, um den Unterschied zwischen Geschriebenem und gespielt Erzähltem noch deutlicher herauszuarbeiten. Eine Anekdote bekommt infolgedessen eine ganz besondere, treffendere Komik, wenn sie mit der Stimme und dem Dialekt von Hans Moser oder Hans Krankl erzählt wird. Ein „vermeintlich langweiliger" Witz erhält durch die Parodie plötzlich Pep. Deshalb habe ich dieser Kategorie unter „Hans Moser" ein eigenes Kapitel gewidmet.

Zur Person des Erzählers

Kurios finde ich auch, dass der Erzähler eine gewisse Glaubwürdigkeit vermitteln muss, obwohl das Publikum weiß, es handelt sich um einen Witz. Dabei erinnere ich mich an meine ersten Auftritte mit 16 Jahren. Witze, die von Ehefrau und Kindern erzählten, erzeugten manchmal nur spärliches Gelächter, weil ich einfach noch zu jung war, um bei diesen Themen glaubwürdig zu sein. Ich habe dieses Repertoire eine Zeit lang gestrichen und erst später wieder – und siehe da, mit ganz anderer Wirkung – in mein Programm aufgenommen.
Derlei Dinge beweisen, dass beim Zuhörer auch sehr viel im Unterbewussten abläuft. Vielleicht ist es gerade deshalb so schwierig, ein guter Entertainer zu sein, weil so viele Komponenten stimmen müssen.

Amateurpech

Ein grober Fehler, den man leider häufig feststellen kann, liegt in der Auswahl. So kann man das Publikum leicht überfordern, wenn der Witz ein spezielles Wissen voraussetzt, das nur einer bestimmten Personengruppe vertraut ist. Ein solcher Insiderwitz bedarf – außerhalb des „Clubs" erzählt – immer einer Erklärung, womit die Pointe wohl völlig ruiniert wird.

Genauso schlecht macht es sich, wenn man die berühmten Worte „Kennen Sie den schon?“ verwendet und mit den nächsten Worten die Pointe umschreibt. Damit erübrigt sich das Erzählen! Peinlich wird es, wenn einem während des Erzählens auffällt, dass man die Pointe nicht mehr zusammenbringt. In solchen Fällen bedarf es dann einer guten Ausrede wie z. B.: „Ach, der Witz ist so neu, dass es noch nicht einmal die Pointe gibt.“
Scheuen Sie nicht davor zurück, alte Witze zu erzählen, vorausgesetzt sie entsprechen der Devise: „Alt, aber gut!“

Witze

Der Seitensprung

Übrigens, Herr Doktor, ich hätte da eine wichtige Frage".
„Was für eine Frage denn?", erkundigt sich der Arzt.
„Herr Doktor, kann man von einem Seitensprung blind werden?"
Doktor: „Entschuldigung, wie kommen Sie denn darauf? Warum sollte man von einem Seitensprung blind werden?"
Darauf prompt die Antwort: „Herr Doktor, stellen Sie sich vor, gestern habe ich einen Seitensprung gemacht, und heute kann ich meine Alte nicht mehr sehen!"

Beim Arzt (CD)

Eine Dame kommt zum Arzt und meint: „Herr Doktor, ich habe hier an der linken Seite meines Oberkörpers starke Schmerzen." Der Doktor sieht kurz auf und erwidert: „Freimachen, freimachen!" Die Dame macht den Oberkörper frei. Der Doktor sieht hin und diagnostiziert nach kurzem Abklopfen: „Gnädige Frau, das sehe ich auf einen Blick, Sie haben ein Leberleiden. Eine Operation halte ich für unumgänglich." „Herr Doktor, eine Operation? Da habe ich aber Angst!", flüstert die Patientin. Daraufhin der Arzt lakonisch: „Sie brauchen keine Angst zu haben. Das ist eine ganz einfache Sache." Doch die Dame fragt nach: „Ja, Herr Doktor, wie oft haben Sie denn so eine Leberoperation schon gemacht?" Schmunzelnd attestiert der Behandelnde: „Ha, ungefähr 125-mal!" Erleichtert kontert die Patientin: „Ach so, dann bin ich beruhigt".
Drauf der Doktor: „Ich auch, einmal muss es ja gutgehen!"

Ein Steirer auf Reisen (CD)

Zwei Steirer treffen einander nach längerer Zeit.
Sepp: „Du Franz, wie geht's dir denn ållweil?"
Franz: „Mir geht's ganz schlecht!"
Sepp: „Wieso geht es dir schlecht?"
Franz: „Stell dir vor, ich habe beim Feriengewinnspiel gewonnen: Vier Tage London, und ich kann kein Wort Englisch."
Sepp: „Du, das ist doch ganz einfach. Wenn du nach England fliegst, musst du nur ganz langsam reden, dann können sie dich schon verstehen!"
Der liebe Franz fliegt also nach England und denkt an die Worte seines Freundes. Was hat mir der Sepp geraten, langsam reden, dann werden mich die Engländer schon verstehen. Er

geht also in ein typisches Londoner Pub, stellt sich an die Theke und bestellt extrem langsam sprechend:
„Könnt' ich bitte ein Bier haben?"
Der Ober sieht ihn von oben bis unten an und meint im selben Sprechtempo: „Wollen Sie ein großes Bier oder ein kleines Bier?"
Franz (langsam): „Ein großes Bier!"
Der Ober serviert, sieht dem Franz tief in die Augen und fragt, jede Silbe betonend: „Woher kommen Sie denn?"
Franz (langsam): „Aus Sinabelkirchen."
Der Ober lächelt und erwidert: „Ha, ich bin aus Fürstenfeld."
Da wundert sich Franz: „Wenn wir beide aus der Steiermark sind, warum reden wir dann Englisch?"

Tirol 1809 (CD)

Der Tiroler Freiheitskrieg tobt. Die überlegenen Franzosen greifen unermüdlich an und ein Tiroler nach dem anderen fällt. Da meint der Lois: „Sepp, wenn wir so weitermachen, werden wir den Krieg noch verlieren."
Sepp: „Wie sollen wir uns denn wehren, die Franzosen sind doch viel moderner ausgerüstet als wir."
Lois: „Die müssen wir eben mit einer List besiegen. Schau, bei den Franzosen heißt doch jeder Zweite Jean. Wir brauchen doch nur laut ‚Jean' zu schreien, dann steht einer aus der Deckung auf und wir schießen ihn nieder."
Sepp: „Tolle Idee, probieren kann man's ja."
Einer der beiden Tiroler Kämpfer ruft daraufhin: „Jean!" Und richtig, ein Gegner erhebt sich und schreit: „Oui!" Blitzschnell schießt ein Tiroler seinen Vorderlader ab und trifft. Gleich drauf wieder: „Jean!" – „Oui!" – Bumm, der nächste Treffer. „Jean!" – „Oui!" – Bumm!

So geht das eine Zeit lang, bis sich die Franzosen beraten: „Moment, bei den Tirolern ...eißt doch auch jeder zweite Mann ‚Sepp', wir brauchen nur hinüberzuschreien ‚Sepp', der stehen aus Deckung auf, wir schießen ihn nieder – compris!"
Kurzerhand wird geladen, anvisiert und einer schreit: „Sepp!"
Schon kommt die Antwort: „Jean, bist du's?"
„Oui", tönt es zurück, während der Franzose aufsteht. Bumm!
Die Front verlagert sich bis hinauf in die Ötztaler Gletscherregion, Sepp und Lois kämpfen immer noch Seite an Seite. Als sie hintereinander ein Gletscherfeld queren, rutscht der Lois plötzlich aus und fällt in eine Gletscherspalte. Sein Freund Sepp legt sich auf den Bauch, robbt bis zur Kante und ruft ihm hinterher:
„Lois, hast du dir wehgetan?"
Lois: „Nein!"
Sepp: „Brauchst du Verbandszeug?"
Lois: „Nein!"

Sepp: „Willst du eine Decke, gegen die Kälte?"
Daraufhin schreit der Lois wütend: „Sei ruhig! Ich flieg' ja noch!"
Kurz darauf hört man einen dumpfen Knall. Mit zögerlicher Stimme fragt Sepp: „Lois, was ist dir passiert?"
Lois: „Arme und Beine sind gebrochen."
Sepp: „Und die Zähne?"
Lois: „Die sind in Ordnung!"
Sepp: „Dann werfe ich dir mein Seil hinunter, du beißt mit deinen Zähnen zu und ich ziehe dich herauf!"
Lois: „Gute Idee!"
Unter den größten Anstrengungen zieht Sepp seinen Kameraden Meter für Meter aus der Spalte. Als er endlich Augenkontakt hat, reibt er sich den Schweiß von der Stirn und meint: „Lois, zwei Meter noch. Kannst du dich noch halten?"
Lois (öffnet den Mund): „Jaaaaaaaa!"

Die reine Wahrheit

Abends klettert das Ehepaar ins Bett und sie erkundigt sich: „Du Schatz, könntest du einmal ganz ehrlich zu mir sein? Wie oft hast du mich denn betrogen?"
Er erschrickt etwas und hakt nach: „Betrogen?"
Sie: „Ja, betrogen!"
„Ja, wenn ich ganz ehrlich bin", antwortet er mit zitternder Stimme, „zweimal, einmal mit der Huber-Bäuerin und einmal mit der Nachbarin. Du Goldschatz, weil wir gerade dieses delikate Thema haben. Wie oft hast denn du mich betrogen?"
Sie: „Eigentlich auch nur zweimal!"
Neugierig erkundigt er sich: „Aha, mit wem denn?"
Selbstbewusst kontert sie: „Ja, einmal mit der Schützenkompanie und einmal mit der Musikkapelle!"

Auf der Rennbahn (CD)

Zwei Damen klagen einander über die vielen Wochenenden, die sie alleine verbringen müssen, da ihre Ehemänner samstags wie sonntags auf dem Fußballplatz sind. Plötzlich schlägt die Kathi vor, dass man sich ja auch für eine Sportart interessieren und am Wochenende zuschauen könne. Theresia zeigt sich von der Idee angetan und meint: „Wir suchen uns eine ganz besondere Sportart aus, wir gehen zum Pferderennen."
Gesagt, getan! Kurz darauf besuchen sie bereits das Galopper-Derby. Als sie ihre Eintrittskarte lösen, entdecken sie auch das Wettbüro:
Kathi: „Theresia, hast du gesehen? Da kann man Wetten abschließen. Das wär' doch etwas für uns!"
Theresia: „Ja, kennst du die Pferde?"
Kathi: „Nein, ich kenne die Pferde nicht, aber das überlassen wir doch dem Zufall. Welche Körbchengröße hat denn dein BH?"
Theresia: „Ich trage Nummer 3 – und du?"
Kathi: „Ich brauche Nummer 4. Also, drei und vier ergibt sieben, setzen wir doch gemeinsam 50 Euro auf die Nummer 7!"
Jede der Damen zahlt 25 Euro auf den Wettschein, und ein spannendes Rennen beginnt. Bis in die fünfte Runde führt die Nummer 7, die ganze Zielgerade herauf ist immer noch die Nummer 7 in Führung, und über die Ziellinie geht mit einer Nasenlänge Vorsprung – die Nummer 7. Die Damen gewinnen unglaubliche 100.000 Euro. Sie gehen nach Hause und blättern stolz auf den Tisch des Gemahls ihren Anteil von 50.000 Euro.
Die Herren sind ziemlich überrascht und beschließen, am nächsten Sonntag Fußball zu streichen und ebenfalls auf die Rennbahn zu gehen.

Kaum sind sie an der Kassa vorbei, gibt jedoch der Sepp zu bedenken:
„Du, Hansl, bei uns wird das aber schlecht funktionieren mit der BH-Größe."
Hansl: „Ha, das machen wir doch ganz anders. Wie oft erfüllst du in der Woche deine ehelichen Pflichten?"
Sepp: „Ehrlich gesagt, viermal – und du?"
Hansl: „Fünfmal! Vier und fünf ist neun – setzen wir 50 Euro auf die Nummer 9."
Ein spannendes Rennen beginnt. Bis in die fünfte Runde führt die Nummer 9, die ganze Zielgerade herauf ist immer noch die Nummer 9 in Führung, und über die Ziellinie geht als Erster mit einer Nasenlänge Vorsprung – auf den letzten Schritten im Finish gewonnen – die Nummer 2.
Daraufhin schreit verärgert der Hansl: „Mein Gott! Wären wir ehrlich gewesen, dann hätten wir auch gewonnen."

Wie die Zeit vergeht!

Ein Ehepaar, das gerade Goldene Hochzeit feiert, beschließt, eine gemütliche Almwanderung zu machen. Plötzlich schwelgt die Dame in Erinnerungen:
„Weißt du noch, Seppl, als wir uns kennengelernt haben, mein Gott, da warst du noch so ein bärenstarker Lackel. Manchmal hast du mich einfach an dich gerissen, aufgehoben, ja sogar auf den Zaun gesetzt. Ach, und dann hast du mich geküsst, dass es nur so eine Freude war."
Er: „Ja, Schatzl, das können wir schon heute auch noch machen." Er schnappt sie und setzt sie unter ziemlichem Stöhnen auf einen Almzaun. Als er sie auch noch abbusseln will, vibriert die Dame geradezu. „Schatzl", staunt er daraufhin, „so wild warst du aber vor 50 Jahren, als wir uns kennengelernt haben noch nicht." Darauf sie ziemlich vorwurfsvoll: „Ja, vor 50 Jahren war auch der Zaun noch nicht elektrisch geladen!"

Ein gutes Argument

Erwin zeigt seinem Arbeitskollegen Karl sein neues Haus: eine runde Diele mit runder Garderobe, ein rundes Schlafzimmer mit rundem Wasserbett, eine runde Küche, in der sogar eine runde Kochinsel in futuristischem Design glänzt … Auf einmal unterbricht Karl die Führung und erkundigt sich:
„Erwin, warum hast du eigentlich alles rund, von der Küche über die Wendeltreppe bis zur Garage?"
Relativ kühl kontert Erwin: „Weißt du, als ich begonnen habe, zu bauen, kam meine Schwiegermutter zu mir und meinte: ‚Jetzt, wo du endlich keine kleine Mietwohnung, sondern ein eigenes Haus besitzt, wirst du wohl einmal ein Eckerl für mich frei haben!'"

Uncharmant

Schwiegersohn: „Wie lange bleibst du denn heute bei uns, Mama?“
Schwiegermutter: „Bis ich euch auf die Nerven gehe.“
Schwiegersohn: „Nein, nein – eine Viertelstund’ kannst schon bleiben!“

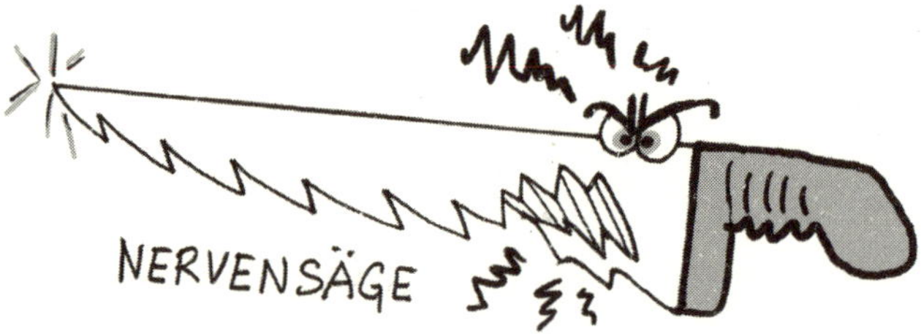

Beim Autohändler

„Was kostet denn bitte der Opel Viagra?“
„Sie meinen wohl den Opel Vektra!“
„Ich dachte nur, weil der schon so lange steht!“

Schweres Missverständnis

Er: „Schatzi, was wünschst du dir heuer zu Weihnachten?“
Sie: „Weihnachten, hör mir auf, ich lass mich scheiden!“
Er: „Ui, mit so etwas Teurem habe ich nicht gerechnet.“

Nein, so etwas!

Drei Senioren sitzen auf einer Parkbank. Da marschiert plötzlich ein 20-jähriges fesches Mädel an ihnen vorbei. Der 70-Jährige schaut hinterher und seufzt: „Einmal noch so etwas Knuspriges angreifen!“
Der 80-Jährige setzt nach: „Einmal noch so etwas Fesches busseln!“
Schließlich meldet sich der 90-Jährige nachdenklich: „Angreifen, busseln – busseln, angreifen – da war doch noch etwas!“

Im Park

Zwei Senioren sitzen auf einer Parkbank, als eine hübsche 30-Jährige vorbeischlendert.
„Pepi, schau! Ist das Mädel nicht wunderbar? Ach, einmal noch 20 sein.“
Darauf beschwichtigt ihn sein Freund beinahe erbost: „Ja, bist du denn verrückt! Wegen dieser zehn Minuten gehe ich doch nicht noch einmal 40 Jahre hackeln.“

Die armen Sünder (CD)

Eine Witwe kommt in den Himmel und wendet sich gleich vertrauensvoll an den heiligen Petrus: „Wo kann ich denn meinen Ehemann, den Huber Hans, finden?“

Petrus: „Der wird wohl im Österreicher-Himmel sein.“

Alles wird peinlich genau abgesucht, jedoch nirgends ist der Hans zu finden.

Witwe: „Um Himmels willen, der ist nicht da!“

Petrus: „Ja dann schauen wir im Fegefeuer nach!“

Auch hier gibt's vom Hans weit und breit keine Spur.

Witwe: „Ja, wo kann er denn sein?“

Petrus: „Jetzt gibt's nur noch eine Chance, ihn zu finden ...“

Der Petrus nimmt das schwarze Buch mit den roten Hörnern zur Hand und sucht im Buch der Hölle verzweifelt nach einem Hans Huber. Doch auch im Höllenbuch findet sich nichts. Frau Huber atmet erleichtert auf und bettelt mit erhobenen Händen: „Lieber Petrus, ich brauch meinen Hans unbedingt, ohne ihn kann ich nicht einmal im Himmel existieren! Immerhin war ich mit ihm 40 Jahre verheiratet.“

Darauf sprudelt der liebe Petrus ganz hektisch: „Ja ‚Mädchen‘, warum sagst du denn das nicht gleich – dann müssen wir doch bei den Märtyrern nachschauen!“

DER LOTTOGEWINN

Ein Steirer besucht seinen Nachbarn.
Lois: „Mei, Håns, iatz håb i di scho lång neama g'seh'n. Wo biist denn ållweil, scho so oft håb i di g'suacht."
Hans: „Stöll da vua, i hob an Lottosechsa gmåcht. Und merk da, i hoaß iatz nix mea Håns, sondern Giovanni. Mei Auto hoaßt nix mea VW, sondern Ferrari, und i tua nix mea schöpf'n (= arbeiten), sondan i lieg Tåg und Nåcht nua mea auf da Terrass'! Host keat, mi brauchst nix mea suach'n, i lieg nua mea auf da Terrass'!"
Der Nachbar rennt nach Hause zu seiner Frau:
„Mei Schåtzl, stöll dia vua, da Håns håt an Lottosechsa gmåcht und iatz is er gånz deppat im Schädl."
Sie: „Ja, wieso denn?"
Er: „Du, der såg, er is iatz nimma da Hons, mia miassn Giovanni zu eam sågn, sei Auto hoaßt nix mea VW, sondan Ferrari miass ma sågn, und dös Beste – zu seina Frau sog er nimma Theres', sondan Terrass'."

Immobiliengeschäft

Käufer: „Bevor ich das Schloss endgültig kaufe, beantworten Sie mir bitte noch eine Frage. Ich habe gehört, es soll hier Geister geben, stimmt das?“
Darauf erwidert der Verkäufer: „Nein, also das halte ich für ein mysteriöses Gerücht. Wissen S', ich wohne nämlich schon seit 400 Jahren hier.“

Der Raser

Ein Mann fährt mit seinem Auto durch die Stadt, plötzlich taucht im Rückspiegel ein Polizeiauto auf und er tritt aufs Gas. Die Polizei schaltet das Blaulicht ein und verfolgt den Herrn. Es beginnt eine wilde Jagd, Überholmanöver rechts, bei Rot über die Kreuzung, und alles mit Tempo 120. Endlich gelingt es der Polizei, den Wagen zu stoppen.
Polizist: „Führerscheinkontrolle, sind Sie alkoholisiert oder haben Sie eingebrochen?“
Lenker: „Nein, wo denken Sie hin?“
Polizist: „Warum flüchten Sie dann mit 120 Sachen?“
Lenker: „Wissen S', vor 14 Tagen ist mir meine Frau mit einem Polizisten durchgebrannt und jetzt war ich der Meinung, ihr bringt sie wieder zurück.“

Gut kombiniert (CD)

Eine Frau meint zu ihrem Liebhaber im Bett: „Um Himmels willen, das Türschloss geht, mein Mann kommt nach Hause! Versteck dich!“
Er: „Ich leg' mich unters Bett.“
Sie: „Bist du noch zu retten, da schaut er als Erstes nach.“

Er: „Dann hüpf ich in den Kleiderschrank."
Sie: „Da schaut er als Zweites nach."
Er: „Ich kann mich doch nicht in Luft auflösen!"
Sie: „Weißt was, wir haben einen 16:9-Bildschirm, so einen Riesenfernseher, mach dich ganz klein und versteck dich dahinter. Denn jetzt am Nachmittag schaut er nicht fern."
Der Liebhaber rennt ins Wohnzimmer, springt hinter den Flatscreen und kurz darauf steht der Ehemann im Schlafzimmer: „Schatzi, was machst du denn am Sonntagnachmittag im Bett? Heute übertragen sie das Wiener Derby – Rapid gegen Austria Wien. Hol den besten Wein aus der Küche, ich setz mich schon einmal vor den Fernseher."
Darauf hat sie nur mehr einen Gedanken: „Wie bring ich den vom Fernseher weg?" Sie wirft einen Blick in den Kühlschrank, sieht eine Flasche Weißwein und hat die rettende Idee. Sie hält die Weinflasche in Schulterhöhe und lässt sie auf den Boden knallen. Doch siehe da, die Weinflasche zerschellt nicht, nein im Gegenteil, sie springt zurück in ihre Hand. Durch den Knall aufgescheucht, kommt der Mann in die Küche und meint: „Schatz, was war das für ein Krach?"
Sie erwidert: „Mir ist gerade etwas Komisches passiert! Stell dir vor, soeben rutscht mir die Weinflasche aus der Hand, fällt auf den steinharten Klinker und ist nicht einmal kaputt!"
Darauf meint der Ehemann: „Das ist überhaupt eine komische Wohnung, beim Fußballspiel haben sie jetzt gerade einen Verteidiger ausgeschlossen und bei uns geht er durchs Wohnzimmer hinaus!"

Unter Freunden

„Du, Hans, was reizt dich eigentlich nach 20 Jahren Ehe noch an deiner Frau?"
Blitzschnell kommt die Antwort: „Jedes Wort!"

Klare Rechnung

Ein Mann überfährt einen Stier auf der Straße. Sofort stürzt er beim Bauern in die Stube und ruft: „Ich habe Ihren Stier überfahren! Kann ich ihn gleich ersetzen?"
Cool antwortet der Bauer: „Ja, wenn's den Kühen nichts ausmacht, mir ist's egal!"

Die liebe Schule

„Für dieses Zeugnis gibt's Schläge", meint der Papa zum Sohn, nachdem er einen Blick auf die Noten geworfen hat.
Daraufhin stammelt sein Sohn: „Super, ich weiß, wo der Lehrer wohnt!"

Gute Nachbarschaft

„Schließ doch deine Vorhänge! Ich habe dich gestern mit deiner Frau beim Knutschen beobachtet", meint Hans.
Die Antwort seines Nachbarn fällt ziemlich erbost aus: „Mir scheint, du hast etwas mit den Augen, ich war gestern gar nicht zu Hause!"

Das Geständnis

Ein Liebespaar liegt im Bett. Auf einmal unterbricht sie ihre Zärtlichkeiten und sagt: „Ich muss dir etwas gestehen, ich habe Asthma."
Daraufhin ertönt es erleichtert: „Bin ich froh, ich dachte schon, du pfeifst mich aus!"

Frage an den Hausarzt

Eine Dame kommt zum Arzt und schildert: „Herr Doktor, ich leide in letzter Zeit öfters unter Übelkeit, verbunden mit zwickenden Bauchschmerzen. Manchmal habe ich keinen Appetit und des Morgens erwache ich manchmal mit etwas Kopfweh."
Der Mediziner antwortet, dass er zwar einen Verdacht habe, aber man müsse genau untersuchen. Schließlich diagnostiziert er: „Gnädige Frau, mein Verdacht hat sich bestätigt, Sie sind schwanger."
Bestürzt erwidert die Dame: „Unmöglich Herr Doktor, wissen Sie, ich lebe nämlich in einer Kommune, wir lieben einander nur mit den Augen!"
Etwas verschmitzt kommt die Antwort: „San's ma ned bös, aber då muaß a Nud'laug dabei sein!"

Vertreterglück

Kommt ein Staubsaugervertreter auf einen Bergbauernhof und läutet an der am Eingang befestigten Kuhglocke. Als die Bäurin öffnet, folgt der verkaufsgeschulte, motivierte Blick des jungen Mannes und voller Enthusiasmus setzt er zum Verkaufsgespräch an: „Ich muss Ihnen da etwas zeigen!" Er schüttet einen Beutel Staub auf den Teppich im Vorraum und verspricht: „Gnädigste, wenn unser neuer Turbo-Schluckfix nicht binnen zwei Minuten das alles aufgesaugt hat, dann fress' ich den Dreck höchstpersönlich auf!"
Kurz angebunden befiehlt die Bäurin: „Auf geht's, mia håm nämlich koan Stroum!"

Schock total (CD)

Ein Mann steigt in ein Taxi, sagt dem Lenker die Adresse an und sie fahren los. Nachdem der Fahrgast glaubt, dass der Taxifahrer einen Umweg nimmt, tippt er ihm auf die Schulter. „Ahhh", schreit dieser und zuckt fürchterlich zusammen. „Entschuldigung", meint der Gast, „ich wollte ihnen nicht zu nahe treten, aber warum sind Sie denn gar so erschrocken?"
„Ja, wissen Sie, ich helfe heute nur aus, normalerweise fahr' ich mit einem Leichenwagen."

Im Wilden Westen

Cowboy Jimmy hat einfach zu viel Geld für sein Outfit ausgegeben, daher fehlt ihm das notwendige Kapital für ein Pferd – aber was ist schon ein Cowboy ohne Pferd. Plötzlich fällt ihm in der Texaspost ein Inserat auf: „Rent a horse by Cincinatti Joe!" Sofort sucht Jimmy nach Cincinatti Joe. Er findet einen kleinen Mexikaner vor einem Pferdestall, dem er sogleich seinen Wunsch verrät:
„Ich möchte gerne ein Pferd leihen!"
Der Mexikaner gibt zu bedenken: „Sir, I have only one horse."
„Ich brauch' ja nur eines, das nehm ich gleich", murmelt Jimmy ungeduldig.
„But Sir", beteuert Joe, „I must tell you, the horse doesn't look so good."
„Das ist mir doch egal, wie das Pferd ausschaut, ich nehm's!", frohlockt Jimmy, da er jetzt auch noch ein Pferd besitzt. „Sir, I tell you once more, the horse doesn't look so good", warnt Joe noch einmal.
Jimmy argumentiert: „Ich will keinen Schönheitswettbewerb

gewinnen, es tut nichts zur Sache, wie das Pferd aussieht. Was kostet die Miete?"

Geschäftstüchtig veranschlagt Joe: „200 Dollars, Sir."

Jimmy bezahlt, sattelt und reitet im gestreckten Galopp aus der Koppel schnurstracks in einen gegenüberliegenden Heustall hinein, dass die Bretter nur so fliegen. Jimmy hebt es aus dem Sattel und kopfüber fliegt er in hohem Bogen ins Heu. Er steht auf, schüttelt sich ab und wagt einen zweiten Versuch. Diesmal rennt der Gaul geradeaus in eine Hausmauer. Die harte Landung hinterlässt bei Jimmy ordentliche Spuren: Hautabschürfungen, blaue Flecken, eine gebrochene Nase ... Er steht auf, schaut ganz verwundert auf das Pferd und fuchtelt mit seinen Händen vor dessen Augen herum. Keine Reaktion! Da dämmert es Jimmy: „Das Pferd ist ja blind." Wütend läuft Jimmy zurück zu Cincinatti Joe und schreit: „Sie haben mir ein blindes Pferd vermietet!"

Doch dieser stammelt schulterzuckend: „Excuse me, Sir, but I told you two times, the horse doesn't look so good."

Auf hoher See

Der erste Maat funkt zum Taucher, der sich 20 Meter unter dem Schiff befindet: „Charly, komm herauf!" Kurz darauf vernimmt man Charlys Worte: „Warum?" Der erste Maat antwortet: „Mia gehn unter!"

Das Pechvogerl

Das Glücksvogerl trifft aufs Pechvogerl. „Na Pechvogerl, wie geht's denn so?" „Fürchterlich!", meint drauf das Pechvogerl, „die Firma in Konkurs, die Kinder schämen sich wegen mir und gestern hat auch noch meine Frau die Scheidung eingereicht. Ich bin am Ende. Wie geht's dir, du Glücksvogel?"
Der Angesprochene erzählt mit froher Miene: „Die Firma expandiert wie noch nie, meine Frau, du weißt ja, das italienische Model, ist glücklich mit mir und gestern habe ich mir den letzten Traum erfüllt: einen Turbo-Porsche. Aber, da fällt mir ein, vor 14 Tagen habe ich bei einem Preisausschreiben eine Reise für zwei Personen nach Dubai gewonnen. Ich lade dich ein und nehme dich anstatt meiner Frau mit, du sollst doch auch einmal Glück haben!"
Die beiden kommen im Burj-Al-Arab-Hotel an und an ihrem Tisch sitzen am ersten Abend eine bildhübsche Blondine und eine traumhafte schwarzhaarige, etwas dunkelhäutige Dame. Das Glücksvogerl klärt seinen Freund auf: „Schau, mein Lieber! Das Date habe ich arrangiert. Die Dame, die mir vis-à-vis sitzt, kommt aus Indien und ihre Freundin mit den langen blonden Haaren aus Schweden. Da du so oft schon Pech hattest, sollst du heute einen glücklichen Tag haben, dafür darfst du auch gleich auswählen, wer bei dir im Zimmer sein soll."
Das Pechvogerl entscheidet sich für die Blondine und verschwindet auch gleich damit. Am nächsten Morgen bohrt das Glücksvogerl neugierig: „Na, wie war die Nacht?"
Melancholisch murmelt das Pechvogerl: „Langweilig! Sie hat zwar eine Mörderfigur, aber sie war nur müde und hat beinahe alles verschlafen. Kein Temperament, kein Gefühl – nichts! Und wie war's bei dir?" „Also die Inderin ist ein Programm gefahren, unvorstellbar, könnte man sagen. Rasse, Klasse,

Kamasutra hinauf und hinunter! Du, ich war so überglücklich, dass ich mich schließlich auf sie warf und aus lauter Übermut wollte ich den schwarzen Punkt auf ihrer Stirn wegrubbeln. Also ich fass mir ein Herz, rubble und … gewinn' einen Ferrari!"

Verkehrskontrolle

Ein Radfahrer wird um elf Uhr vormittags von der Polizei aufgehalten. Der Herr Inspektor schaut in eine Satteltasche und entdeckt jede Menge Ein-Euro-Münzen.
Polizist: „Aha, einen Opferstock ausgeraubt?"
Radfahrer: „Nein, ich wohne neben dem Rapid-Stadion, und jedes Mal nach Spielende kommen die Zuschauermassen an meiner Hecke vorbei. Jeder Zweite entleert sein Bier an meiner Hecke. Jetzt habe ich mir ein Messer gekauft. Kaum packt

einer sein Zumpferl aus, schnell' ich hinter der Hecke hoch, drohe mit dem Messer und schrei': ‚Einen Euro oder ich schneid' ihn ab!' Daher die Münzen!"
Polizist: „Gut, das ist eine Erklärung, aber was haben Sie in der anderen Satteltasche?"
Radfahrer: „Ach, Herr Inspektor, alle zahlen eben nicht."

Es lebe der Sport

Drei Herren sitzen beisammen und diskutieren über die sportlichen Leistungen ihrer Frauen. „Also, meine Frau", meint der Erste, „schafft im Weitsprung 7,10 Meter, das ist Landesrekord." Daraufhin der Zweite: „Dass ich nicht lache, die meine springt 2,23 hoch, das ist Weltrekord." „Das bedeutet doch alles nichts", mischt sich der Dritte ins Gespräch, „meine hat vor zwei Wochen einen Seitensprung gemacht und ist heut' noch nicht zu Haus'."

WITZE, DIE ZU DENKEN GEBEN
HABECK

Der Quiz-Witz

Diese Art von Scherzen eignet sich wirklich ideal, um Erheiterung in eine Runde zu bringen. Hier gibt es nichts, worauf man besonders achten muss. Man stellt lediglich eine Frage und gibt nach einer ganz kurzen Pause gleich selbst die schräge Antwort.

Männer
Was haben Männer und Bodenfliesen gemeinsam?
Leg sie beim ersten Mal richtig flach und du kannst den Rest deines Lebens auf ihnen herumtrampeln.

Männerfeindlich
Warum haben Männer keine Midlife-Crisis?
Weil sie nie aus der Pubertät herauskommen.

Blondine
Warum weiß man, dass Rapunzel blond war?
Jede andere hätte die Tür aufgemacht.

Ehe
Welche Männer werden älter, verheiratete oder unverheiratete?
Verheiratete werden zwar älter, sie sind jedoch auch eher bereit zu sterben.

Jäger
Wann hat der liebe Gott die Jäger erschaffen?
Am Samstagnachmittag! Am Vormittag hat er die Affen geschaffen und mittags sind ihm die Felle ausgegangen.

Frauen

Warum können Frauen nicht Rauchfangkehrer werden?
Weil Frauen kein Glück bringen.

Pensionisten

Worin besteht der Unterschied zwischen einer Kaffeemaschine und einem Pensionisten?
Kaffeemaschinen kann man entkalken.

Länderwettstreit

Worin besteht der Unterschied zwischen Deutschland und Österreich?
Die Deutschen haben liebe Nachbarn.

Länderwettstreit
Unterschied zwischen Bayern und Tirol?
Die Bayern haben am Sonntag geöffnet.

Frauen
Warum werden Frauen um sieben Jahre älter als Männer?
Weil ihnen der liebe Gott die Zeit, die sie beim Einparken verplempern, gutschreibt.

Frauen
Warum lieben Männer Frauen in Lack und Leder?
Weil sie dann wie neue Autos riechen.

Jäger
Was muss ein Jäger trinken, dass er zwei Promille hat?
Drei Tage nichts.

Länderwettstreit

Wie nennt man einen intelligenten Menschen in den USA?
Tourist.

Blondine

Was kommt aus Österreich, ist intelligent und blond?
Der Haflinger!

Politik

Worin besteht der Unterschied zwischen einem Politiker und einem Arbeitslosen?
Der Arbeitslose hat schon einmal gearbeitet.

Ehe!

Wer war die Schwiegermutter Adams?
Er hatte keine, bekanntlich lebte der ja im Paradies.

Männerfeindlich

Warum besitzen Frauen lieber einen Hund als einen Mann?
Ein Hund versaut zwar den Teppich, aber ein Mann das ganze Leben.

Frauenfeindlich

Worin besteht der Unterschied zwischen einer Schnecke und einer Frau?
Es gibt keinen Unterschied, zuerst schleimen sie, und dann sind sie mit dem ganzen Haus dahin.

Urlaub

Wohin fährt Mann, falls man wirklich teuer urlauben möchte?
Zur Tankstelle.

Länderwettstreit
Warum darf man einem Schweizer am Samstagabend keinen Witz erzählen?
Weil er dann am Sonntagmorgen in der Kirche lacht.

Politik
Worin besteht der Unterschied zwischen der Europäischen Union und der Mafia?
Von der Mafia hat man Ruhe, wenn man einmal gezahlt hat.

Pilot und Stewardess
Was trennt zwei Alkoholiker von drei Nymphomanninen?
Die Cockpittür!

Tierisch
Warum sind die jungen Ferkel so rot?
Weil sie sich schämen, dass ihre Mutter eine Sau ist.

Fremdworterklärung
Was ist ein Pessimist?
Ein Optimist mit Lebenserfahrung.

Frauenfeindlich
Was ist ein Kartonagenevent?
Ein Treffen alter Schachteln.

Neureich
Warum fahren Hochstapler lieber mit dem Porsche als mit einem Taxi?
Das Taxi müssen sie gleich bezahlen.

Jurist
Worin besteht der Unterschied zwischen einer Kartoffel und einem Rechtsanwalt? Es gibt keinen – am Morgen sind beide in Schale und abends schon im Häfen.

Frauen
Welche Frau weiß hundertprozentig, wo ihr Mann ist?
Nur die Witwe.

Straßenverkehr
Warum hat ein Kreisverkehr in Polen 139 Meter Durchmesser?
Weil man sonst mit der Lenkradsperre nicht drüberkommt.

Pizza
Wie heißt der harte Rand einer Pizza?
Na, Teller.

Was wohl Knigge über den Witz sagen würde

Sollte man nicht frei nach dem Motto „Witze, nein danke!" die These vertreten: Dieses triviale und vor allem banale Volksgut der Unterhaltung gehört auf der Stelle verbannt? Fest steht, dass dieses Thema polarisiert und die Gemüter sehr oft erhitzt. Dabei halten es die Verfechter mit Horaz, von dem der gewagte Ausspruch stammt: „Lieber einen Freund verlieren als einen Witz." Die Gegner hingegen verfallen häufig in den Fehler, ihre Kritik nicht an den Witz, sondern an den Erzähler zu heften, und da gebe ich ihnen recht, nichts lässt sich schwerer ertragen als jene Typen, die pausenlos darauf aus sind, ein gewisses Quantum an Scherzen bei jeder auch noch so unpassenden Gelegenheit loszuwerden. Wenn man jedoch nur den Witz als amüsante Kurzgeschichte beurteilt, gelingt es einem wohl schwer, ihn für unnütz zu erklären.
Warum sind Witze fixer Bestandteil jeder Kultur und jeder Sprache? Der Hauptgrund liegt sicher in ihrer befreienden Wirkung. Dieses Argument untermauert auch die Tatsache, dass Witze immer dann eine Hochblüte haben, wenn die Lebensbedingungen für den Menschen zunehmend schwieriger bzw. bedrohlicher werden. Lachen ist gesund, es tröstet, hilft über Enttäuschungen hinweg, gibt Mut und stärkt. Darüber lässt sich nicht diskutieren. Da es uns aber allen so gut geht – zumindest behaupten das Politiker aller Coleurs –, müssten traurige Zeiten für den Witz angebrochen sein. Das Gegenteil jedoch trifft zu. Denn Stress hat sich mittlerweile auf alle Berufssparten ausgebreitet, der Druck auf den Einzelnen wird durch das enorme Tempo unseres Alltags immer ärger, weshalb sich Stresserkrankungen, allen voran das Burn-out-Syndrom, zusehends häufen. Der Grund dafür liegt unter anderem wohl darin, dass Menschen, deren Berufsalltag ausschießlich Ernst und totale Konzentration verlangt, logischerweise todernst werden. Man verlernt das Lachen. Wenn

ich rundherum meine Mitmenschen beobachte, stelle ich immer häufiger „lange“ Gesichter fest. Woher mag das wohl kommen, ist es nur die oft zitierte Übersättigung und die daraus resultierende Unzufriedenheit? Halten wir unseren Wohlstand nicht mehr aus oder liegt das Grundübel am Arbeitsplatz? „Jede Umklammerung durch einen Sachverhalt macht humorlos“, behauptet Alfred Kirchmayr (österr. Psychoanalytiker und Psychotherapeut) in seinem Buch „Witz und Humor“. Dem kann ich nur zustimmen und genau hier setzt die enorme Bedeutung des Witzes ein. Wir dürfen das Lachen – diese Tätigkeit, die erwiesenermaßen so viele Endorphine freisetzt – nicht verlernen! Die logische Folge: Wir brauchen den Witz unbedingt!

Der Witz äußert sich vor allem durch Wortspiel, Gedankenspiel und Sinnänderung, er verdient sich das Prädikat „Witz“ nur, wenn die Pointe Geist bzw. Pfiff hat. Spaß hingegen kann mitunter auch derb oder gar beleidigend werden. Spott ist verwandt mit Aggression, er wird meist durch Hass und Eifersucht genährt und endet häufig in Sarkasmus und Zynismus. Positive Menschen, also Menschen mit Herzensbildung, lieben den Witz, weniger den Spott und schon gar nicht Zynismus. Humor ist die Eigenschaft des Zuhörers und daher für mich nicht zwingend ein Verwandter des Witzes.
So wie Witztypen (abstrakte Witze, satirische Witze ...) lassen sich auch Erzähler-Typen unterscheiden.

Der Monotone

Er erzählt in gleichbleibendem Tonfall und wirkt daher langweilig. Nach kurzer Zeit sinkt bereits die Aufmerksamkeit und häufig versäumt man sogar noch die Pointe. Da der Erzähler, der voll mit seinem Vortrag beschäftigt ist, nicht einmal merkt, dass er sein Publikum schon langweilt, setzt er leider mit einem weiteren Witz fort, dessen Stichworte auf einem Zettel, den er immer in seiner Geldtasche mitführt, stehen. Diesen Typ fürchte ich, denn er verfügt meist über einen zweiten Stichwortzettel.

Der Aufdringliche

Dieser Erzähler ist eng verwandt mit dem Elefanten im Porzellanladen und leicht zu erkennen. Denn er platzt ohne Begrüßung in eine Gesellschaft und ruft bereits mit vorauslachender Miene: „Ich muss euch einen Witz erzählen!" Bevor er noch startet, lacht er sich schon das beste Stück selbst weg, und ohne zu bemerken, dass er eine angeregte Unterhaltung gestört hat, legt er lauthals los. Bei diesem Typ kann es einem auch passieren, dass er sich völlig im Repertoire vergreift, d. h. obwohl Damen am Tisch sitzen, gleitet er ins Ordinäre, Diskriminierende und dgl. ab. Da solche Erzähler die Unterhaltung brutal an sich reißen und eigentlich immer den falschen Zeitpunkt erwischen, werden ihre Witze – auch wenn

sie gut gewählt bzw. erzählt sind – häufig wenig belächelt. Anstatt die Situation langsam zu checken, legt der Aufdringliche einfach nach. Kurzum: ein fürchterlicher Zeitgenosse, der selten abzustellen und dem Image des Witzes nicht zuträglich ist.

Der Unermüdliche

Dieser Bursche ist mit dem Aufdringlichen eng verwandt, er verfügt aber über ein schier endloses „Programm“ und brüstet sich meist mit dem Satz: „Ich kann stundenlang erzählen!“ „Um Himmels willen, bloß nicht“, wäre zwar eine gute Antwort, aber das schreckt diese Unholde des Witze-Marathons leider viel zu wenig ab. Es bleibt einem meist nur die Flucht!

Der Parvenü

Dieser distanzlose Kulturbanause wird beim Erzählen meist handgreiflich, entweder klopft er sich selbst nach jeder Pointe auf den Oberschenkel, oder – noch schlimmer – er haut denjenigen, die in seiner Nähe sitzen, mit der flachen Hand fest auf die Schulter, indem er sich gleichzeitig auch noch das Beste weglacht. Zudem verfügt er über ein so lautes Organ, dass nicht nur der Stammtisch, sondern auch noch alle Nebenräume „beschallt" werden.

Der Zyniker

Dieser von der Welt und seinem Leben enttäuschte Pessimist verfügt nur mehr über die Kategorie „beißender Witz". Er projiziert seine negative Stimmung in seinen Auftritt, nörgelt über alles und jeden, und da er sich von Gott und der Welt betrogen fühlt, beleidigt er in einem fort. Er hat Spaß, wenn er verletzt. Diese „Ritzer" des Humors treten meist mit Insiderwitzen in Erscheinung und bleiben Gott sei Dank einem breiten Publikum erspart.

Der Echte

Dieser Vollprofi des Genres weiß um die Befindlichkeit seiner Umwelt. Er trägt das Herz am rechten Fleck, lächelt gerne und scheint auch die neueste Ausgabe des „Knigge" bereits gelesen zu haben. Logischerweise wird er oft mit Neid und Eifersucht bedacht, denn er kommt einfach hervorragend an. In seiner Art wirkt er stets authentisch, er hat sein Leben gut im Griff und strotzt geradezu vor Optimismus. Er weiß, dass sein Witz nur dann gut ankommt, wenn alle Rahmenbedingungen passen: Der richtige Zeitpunkt scheint gekommen; es verträgt eine Auflockerung; das Gespräch stockt gerade; die Pointe passt zum Thema, das gerade diskutiert wurde u. a. m. Er verfügt über ein unbeschreibliches Gespür für Menschen und Situationen und schlägt mit erfrischender Präzision zu. Außerdem besitzt er den Instikt eines guten Bergführers, der jederzeit die Stärke hat, umzukehren, weil die Situation es erfordert, d. h. er muss sein Talent nicht unbedingt unter Beweis stellen und erzählt – weil es nicht vonnöten ist – heute keinen seiner Kalauer. Gerade dieses souveräne Auftreten macht ihn für so manch ungeschickten und unglücklichen Zeitgenossen zum Objekt seiner Rache. Doch selbst da reagiert er geduldig, er lässt sich nicht so einfach herausfordern – im Gegenteil, er kontert mit gelassener Schlagfertigkeit und bleibt unverletzt. Dieser Profi stärkt das Image des Witzes, er ist ein Gewinn für jede Unterhaltung, seine soziale Bildung sollte für viele erstrebenswert sein. Es ist einfach eine Freude, ihn zu kennen. Gehen wir doch lieber auf die los, die des Nörgelns, Jammerns und Intregierens nicht müde werden, und lernen wir vom Echten. Er ähnelt nämlich in seiner Natur einem listigen Tiger, der auf der Lauer liegt und den Moment für seine Aktion genau erkennt. Wenn er zuschlägt, dann bleibt kein Auge trocken. Mit brillanter Virtuosität trägt er Charaktere spielend vor, er muss nicht nachdenken, wie er denn nun zur Pointe kommt, Syntax und Sprachrhythmus stimmen ideal. Vokabular, Mimik und Erzähltechnik sind genau überlegt und die Pointe sitzt mit exakter Treffsicherheit. Ich schätze diesen Typ über alles, da er einen begeisternd mitreißt.

Der Zuhörer

Auch er hat gewisse Regeln des Anstands zu beachten, wobei es hilft, wenn man von Natur aus mit einer gesunden Portion Humor ausgestattet ist, da man sich so auf jede lustige Einlage freut. Klarerweise übt man sich in Zurückhaltung, wenn man den Witz schon kennen sollte. Unpassend und keck finde ich den Zwischenruf: „Den kenn ich!" Sollte Ihnen so ein vorlauter Kerl unterkommen, dann lassen Sie ihn fortsetzen, da die Situation ohnehin schon verkorkst ist.

Despektierlich wird's, wenn sich ein Zuhörer gemüßigt fühlt, während eines Vortrags seinen „Neuesten" einzuwerfen und sich sogleich an seinen Nachbarn wendet mit: „Ha, den hab' ich gestern gehört." Diese Zeitgenossen gehören zu jener Spezies, die mangels Gesprächsdisziplin auch jede interessante Tischunterhaltung stören, indem sie mit ihrem unmittelbaren Nachbarn – egal, ob bekannt oder unbekannt – ein neues Thema beginnen.

Für derlei Störenfriede habe ich mir folgenden Satz zurechtgelegt: „Ich würde die Diskussion gerne weiterverfolgen. Sind Sie so lieb und tauschen mit mir Platz?"

Resümee

Zusammenfassend lässt sich also sagen, dass Menschen, die gerne Witze erzählen, über viel positive Energie verfügen und liebevoll sein sollten. Denn wer liebt, trägt Böses nicht nach. Menschen, die sich zum Hass verleiten lassen, suchen letztendlich nur mehr nach Ironie und tasten sich über die sarkastische Pointe irgendwann zum Zynismus. Da über alles – sogar über tragische Unglücke – und jede Schwäche gewitzelt wird, bedarf es eben einer selektiven Auswahl. Lachen um jeden Preis darf nicht als Priorität gelten! Allein schon die Tatsache, wie viel an Repertoire ich gefunden hätte, was man NICHT zum Besten gibt, beweist, wie viel Geschmacklosigkeit mittlerweile in unserer Gesellschaft herrscht. Ich bin absolut dagegen, dass man sich über alle Tabus hinwegsetzt, und es entspricht auch nicht der Wahrheit, dass man nur mit Sexistischem, Frauenfeindlichem, Rassistischem … jeden zum Lachen bringen kann. Und noch ein guter Tipp! Beantworten Sie die Frage „Kennen Sie den … schon?“ immer mit einem Nein. Erstens macht man dem Erzähler eine große Freude und zweitens habe ich auf diese Weise schon viele neue Zugänge zu alten Witzen erfahren. Oft ist es nur das andere Kleid bzw. eine besondere Redewendung etc., die einen „alten Bekannten“ wieder in neuem Glanz erstrahlen lassen.
Die vorliegende Witzsammlung versucht zu beweisen, dass es genug gute Pointen gibt, die ohne grobe Verletzung auskommen.

NA SEAWAS! WIA NEHMAM WIR IHN DENN?
NATÜRLICH MIT DER POINTE AM SCHLUSS!
11
WIENER DIEN
HABECK

Hans Moser als Witz-Tuning

Und noch ein probates Stilmittel

Leider gibt es nur wenige Witze, die so gut sind, dass sie wahre Lachsalven garantieren. Bei etwas schwächer gelagerten Pointen empfiehlt es sich unter anderem auch – falls man es beherrscht –, eine prominente Person stimmlich zu imitieren. Man erreicht dadurch eine neue Aufmerksamkeit, denn beim Zuhörer wird eine ganz bestimmte Assoziation geweckt. Er denkt zum Beispiel, wenn er Hans Mosers Stimme hört, an diesen schussligen, liebenswerten Sympathikus, der durch seine Gestik und Mimik stets für humorige Unterhaltung sorgte. Diese „besondere" Manipulation des Zuhörers verstärkt die Pointe und führt zu einem akzeptablen Lacherfolg.

Beim Heurigen (CD)

Nach einem Heurigenbesuch wackelt Hans Moser nach Hause. An einer Straßenlaterne hält er plötzlich inne, nimmt seinen Haustorschlüssel heraus und versucht an der Säule seine Haustüre aufzuschließen. Ein Polizist, der ihn beobachtet, kommt näher, tippt ihm auf die Schulter und fragt:

Polizist:	Was machen Sie denn da?
Hans Moser:	(hustet) He, das sehen Sie doch, mein Haus sperr' ich auf.

Polizist:	Nicht bös' sein, Herr Volksschauspieler, Ihr Haus steht doch dort drüben auf der anderen Straßenseite und nicht hier bei der Laterne.
Hans Moser:	Ja, aber da hab' ich Licht.
Polizist:	Und wenn Sie hier auch noch so gutes Licht haben, Sie können ihr Haus nur dort drüben aufsperren.
Hans Moser:	Haben Sie nichts gelernt? Waren Sie noch nie in der Schule? Als Erstes lernt man doch, die Erde dreht sich! Dann wird wohl mein Haus auch vorbeikommen.

Beim Fleischhauer (CD)

Jeden Freitag kommen vormittags die Damen des Ortes und kaufen, was man für eine gute Fleischsuppe so benötigt: Rindfleisch, Grünzeug und ein paar Markknochen. Der Fleischer richtet eine Bestellung zusammen, öffnet die Schublade und ... findet diese leer. Da er die Lade selbst am Morgen gefüllt hat, schöpft er sofort Verdacht.

Fleischer:	Du Hans, sag einmal, hast du die Knochen herausgenommen?
Hans Moser:	Chef, Entschuldigung! Aber die Mama macht doch auch ein Supperl. Ich habe mir nichts gedacht, ich wollt' ihr doch nur eine Freude machen.
Fleischer:	(ziemlich verärgert) Die Knochen, mein Lieber, sind Eigentum der Metzgerei! Wenn das noch einmal vorkommt, dann bist du entlassen, klar?
Hans Moser:	Bittschön, das wird nicht mehr passieren.

Zwei Wochen später kommen freitags wiederum die Hausfrauen und kaufen für eine schmackhafte Suppe ein. Rindfleisch, Grünzeug ... was man eben so braucht. Der Fleischhauer öffnet wieder die Schublade mit den Markknochen und schreit:

Fleischer:	Hans! Das darf doch wohl nicht wahr sein! Schon wieder sind keine Knochen da! Kocht vielleicht die Mama wieder ein Supperl?

Hans Moser:	Ja, richtig! (hüstelt) Wollen S' auch eine?
Fleischer:	Du, du ... geh mir aus den Augen! Du hast schon wieder die Markknochen mitgenommen, das ist Diebstahl! Du weißt, was das heißt, du bist entlassen und kannst sofort nach Hause gehen.
Hans Moser:	Bittschön, dann brauch' ich aber ein Zeugnis.
Fleischer:	Ha, ein Zeugnis, dass ich nicht lache! Was soll ich denn da hineinschreiben? Soll ich schreiben, dass du gestohlen hast?
Hans Moser:	Nein! Schreiben Sie doch einfach: „Ehrlich und fleißig bis auf die Knochen!"

Amerika, Amerika (CD)

Hans Moser landet mit dem Flugzeug in Amerika. Er geht über die Gangway herunter und schon tritt ein Schauspielerkollege auf ihn zu:

Amerikaner:	Oh, das ist aber schön, dass ich dich treffe. Lieber Hans, ich habe eine Frage an dich. Stell dir vor, wir haben in Amerika gegraben eine Loch. Was glaubst du, was wir gefunden haben?
Hans Moser:	(hustet) Na oisdonn, das weiß ich nicht!
Amerikaner:	Wir haben gefunden eine Telefonkabel. Was beweist das?
Hans Moser:	Also bitte, das weiß ich auch nicht!
Amerikaner:	Das beweist, dass wir in Amerika vor einigen hundert Jahren schon telefoniert haben.

Hans Moser:	Oiso, das ist doch gar nichts! Wir haben auch gegraben; bei uns in Wien sind wir hinunter 100 Meter – 200 Meter – 250 Meter. Was glaubst du, was wir gefunden haben?
Amerikaner:	Also Hans, das weiß ich nicht!
Hans Moser:	Na, gar nichts haben wir gefunden! Überhaupt nichts! Das beweist, dass wir vor einigen hundert Jahren schon drahtlos telefoniert haben.

An der Donau (CD)

Hans Moser sitz an der Donau beim Fischen. Da kommt ein Radfahrer den Uferweg entlanggetreten und bremst sich ein:

Radfahrer:	Entschuldigung, ist das da die Donau?
Hans Moser:	Ja.
Radfahrer:	Ist das Wasser an dieser Stelle seicht?
Hans Moser:	Ja, das Wasser ist seicht.
Radfahrer:	Ist das Wasser hier wirklich seicht, kann ich mit dem Fahrrad hinüberfahren?
Hans Moser:	Ja, das ist seicht!

Der Radfahrer schnappt sein Rad, fährt in die Donau ... und weg ist er. Eine halbe Stunde später kommt er wieder ans Ufer. Patschnass von oben bis unten, mit wütendem Blick und käsebleich im Gesicht schleppt er sein Fahrrad über die Böschung. Er stellt sich vor den Fischer und schreit:

Radfahrer:	Sind Sie völlig verrückt! Sie sagen zu mir, das Wasser ist seicht, das ist doch sieben bis acht Meter tief.
Hans Moser:	Komisch!
Radfahrer:	Hören Sie, komisch ... komisch sagen Sie. Ist das alles, was Ihnen dazu einfällt?
Hans Moser:	Ja, komisch. Denn vor Ihnen ist eine Ente hinübergegangen, die ragte 25 Zentimeter heraus.

Witze

'HARRYS
WITZ
LABOR
ACHTUNG:
SCHERZ-
INFARKT-
GEFAHR!
ZUTRITT FÜR
HUMORLOSE
VERBOTEN!
!
HA
HI
HO
HABECK

An der Theke

Ein Mann mit 1,50 Meter Körpergröße stürmt in ein Wiener Heurigenlokal, haut mit der Faust auf die Theke und fordert ein Achtel Wein.
Kellner: „Ein Achterl rot oder weiß?"
Der Kleine: „Einen Weißen!"
Der Herr Ober serviert und der Kleine schüttet das Achterl auf einen Zug hinunter. Kaum ist das Glas geleert, verzieht er gehörig seinen Mund und kritisiert: „Bumm, ist der sauer, da zieht es einem ja alles zusammen!"
„Gusch!", kontert der Ober, „du bist schon so hereingekommen."

Na komisch

Ein Herr sitzt alleine an der Bar, als plötzlich die Tür des Lokals aufgeht. Ein Mann kommt herein, marschiert schnurstracks durchs Lokal, geht am Ende des Raumes gerade die Wand hoch, wandelt diagonal über die Decke, tappt die Wand entlang zurück zum Boden und verlässt wieder durch die Tür die Kneipe. Der Einsame an der Bar schaut den Ober an, reibt seine Augen, schüttelt den Kopf und meint: „Schon komisch, was?" Der Ober nickt und erwidert: „Ich bin's schon gewöhnt, der grüßt nie."

Der logische Schluss

Zwei Kärntner sitzen gemütlich beim Frühschoppen beieinander. Auf einmal sagt der eine zum anderen: „Sie, Sie sind ja wahnsinnig. Sie trinken ja einen Veltliner nach dem anderen! Sie sind ja ein totaler Alkoholiker und ich bin ein Abstinenzler!"

Der andere: „Ist das etwas Höheres als Polizeiinspektor?"

Fremder: „Nein, schauen Sie mal her. Ich habe zufällig einen Regenwurm dabei. Ich werde ihn jetzt rausnehmen und in mein Glas mit Mineralwasser hineinwerfen. Und, was sehen Sie?"

Zecher: „Der ist quietschvergnügt! Dem gefällt es da drin!"

Fremder: „Ja richtig, dem gefällt es da drinnen. Jetzt nehme ich ihn aus meinem Glas heraus und werfe ihn in ihr Glas. Was sehen Sie?"

Zecher: „Hin ist er. Kaputt. Auf der Stelle tot umgefallen. Kaputt ist der arme Wurm."

Fremder: „Ja, der ist auf der Stelle tot umgefallen. Was schließen Sie daraus?"

„Ist ja ganz einfach", folgt der logische Schluss des Zechers, „möglichst viel Veltliner saufen, dann hast du keine Würmer!"

Der Nightliner (CD)

Franz und Sepp sitzen bei einem Zeltfest in Graz.
Sepp: „Du Franz, jetzt müssen wir aber nach Hause gehen, es ist schon spät!"
Franz: „Du bist wohl verrückt! Wir können doch nicht von Graz nach Sinabelkirchen wandern, das ist doch viel zu weit!"
Sepp: „Entschuldige, hast du schon auf die Uhr gesehen? Um zwei Uhr fahren weder Zug noch Autobus."
Franz: „Moment, Sepp! Warst du nicht einmal Postbuschauffeur?"
Sepp: „Natürlich, bis Oktober 2005."
Franz: „Na dann; dort drüben hinter dem Festzelt steht die Postbusgarage. Wir brechen einfach die Tür auf und ‚leihen' uns einen Bus."
Die beiden verüben wirklich einen nächtlichen Einbruch. Im Handumdrehen startet Sepp auch schon einen der Busse, stellt ihn vor die Garage, läuft eilends zurück und stellt schon den nächsten heraus. Franz beobachtet ihn kopfschüttelnd und schreit schließlich: „He, Sepp! Wir brauchen doch nur einen Bus."
Doch Sepp merkt an: „Stimmt, aber der nach Sinabelkirchen steht ganz hinten in der Ecke!"

Ein kluges Schweindl, die Mali (CD)

Ein Bauer liest in der Zeitung von einem Eber, der für die Deckung bereit wäre. Da die Annonce außerdem mit dem Sondervermerk „garantiert fruchtbar“ und „Erfolg stellt sich schnellstens ein!“ endet, beschließt er, seine Mali auf den zehn Kilometer entfernten Hof zu bringen. Doch gleichzeitig beschäftigt ihn der Gedanke: „Wie bringe ich mein Schweindl dorthin?“ Kurzerhand fasst er den Entschluss, seinen Schubkarren zu packen, die Sau aufzuladen und unter gemütlichem Grunzen seiner Mali karrt er sie in das Nachbardorf. Dort angekommen, wird Mali abgeladen, zugelassen, Bauer bezahlt, Sau auf den Karren gelegt und heimgeschoben. Am nächsten Tag rennt der Bauer freudig in den Stall, um nachzusehen, ob sich der rasche Erfolg auch bewahrheitet habe. Voller Enttäuschung muss er feststellen, dass noch keine Ferkel da sind. „Betrug, Betrug!“, denkt er sich. Er schlägt erneut in der Zeitung nach und entdeckt freudig ein weiteres Inserat, in dem ein Eber angeboten wird. Das Attribut „jung und springfreudig“ veranlasst ihn, den Eber, der nur fünf Kilometer entfernt haust, auszuprobieren. Er lädt die Sau auf und unter beschwingtem Grunzen seiner Mali schiebt er den Schubkarren zum Bauernhof am Rande des Dorfes. Dort angekommen, wird die Mali abgeladen, zugelassen, Bauer bezahlt, Sau aufgeladen und heimgefahren. Am nächsten Tag rennt der Bauer freudig in den Stall, um nachzusehen, doch wieder sind keine jungen Ferkel da. „Es gibt nur mehr Betrüger!“, schreit er. Nachdem er sich etwas beruhigt hat, kommt jedoch schon wieder Motivation auf, und da bekanntlich aller guten Dinge drei sind, blättert er abermals die Zeitung durch. Jäh sticht ihm eine neue Anzeige ins Auge: „Eber sucht Sau, alt, aber sehr erfahren! Erfolg hundertprozentig garantiert.“ Noch einmal schnappt er seine Mali, wirft sie auf den Schubkarren, und unter flottem Grunzen geht's 500 Meter weiter zum Dorfbrunnen in der Ortsmitte, um einen dritten und letzten Versuch zu unternehmen. Dort wiederum angekommen, wird die Mali abgeladen, zugelassen, Bauer bezahlt, Sau rauf auf den Schubkarren, Schubkarre geschnappt und heimgefahren. Am nächsten Tag, als der Bauer aus dem Bett will, um nach den Ferkeln zu sehen, sind die Kreuzschmerzen so arg, dass er seine Frau wecken muss, um diese in den Stall zu schicken. Die Bäuerin kehrt kurz darauf freudestrahlend ins Schlafzimmer zurück. „Schatzl, deinem Gesichtsausdruck nach sind die jungen Ferkel da", meint er erleichtert. „Nein!", ertönt es prompt aus ihrem Mund. „Warum schmunzelst und strahlst du dann so?", erkundigt er sich. Kurz und bündig die Antwort der Bäuerin: „Ja, stell dir vor, die Mali, dieses Luder, liegt schon wieder auf dem Schubkarren."

Urlaub in der Schweiz (CD)

Eine Österreicherin, die mit einer Pensionistenreise nach Lachen am Zürichsee gereist ist, erscheint am ersten Urlaubstag am Frühstückstisch. Da sie bereits davon gehört hat, dass Urlaub in der Schweiz sehr kostspielig sein kann, winkt sie den Herrn Ober zu sich, um die erste Nacht Zimmer mit Frühstück zu bezahlen, so könne sie auch für die verbleibenden Tage besser kalkulieren. „Herr Ober", meint sie höflich, „kann ich diese eine Nacht gleich bezahlen?"

Ober: „Gnädige Frau, sie kommen aus Österreich, wollen sie in Euro bezahlen?"

Urlauberin: „Ja, gerne."

Ober: „Ja, eine Nacht bei uns in Lachen am Zürichsee mit ‚Continental-Frühstück' kostet 200 Euro."

Urlauberin: „200 Euro! Ja, sind Sie wahnsinnig! Warum ist denn das so teuer?"

Ober: „Gnädige Frau, wenn ich so nachsehe, Sie hatten ein Zimmer mit Blick auf den Zürichsee."

Urlauberin: „Ja bitte, wir sind gestern mit dem Autobus um 23.00 Uhr angekommen, da interessiert mich doch kein See mehr. Ich habe kein einziges Mal hinausgesehen."

Ober: „Ja, aber können hätten Sie, können hätten Sie! Und wenn ich so weitersehe, Sie hatten sogar ein Zimmer mit Dusche."

Urlauberin: „Ja, mit Dusche, dass ich nicht lache! Als ob ich mit 67 Jahren mitten in der Nacht noch duschen würd'. Ich habe keinen Tropfen Wasser gebraucht."

Ober: „Ja, aber können hätten Sie, können hätten Sie! Und wenn ich so weitersehe, Sie hatten sogar ein Zimmer mit eigener Bar."

Urlauberin: „Ja, mit Bar! Ich trinke doch keinen Alkohol, seit Jahren nicht!"

Ober: „Ja, aber können hätten Sie, können hätten Sie!

Urlauberin: „Wissen'S was, Herr Ober! Sie bekommen jetzt von mir 20 Euro und den Rest ziehe ich ab für die Vergewaltigung."

Ober: „Ja, sind Sie völlig verrückt, es hat Sie doch niemand vergewaltigt."

Urlauberin: „Ja, aber können hätten Sie, können hätten Sie!"

Fotosafari (CD)

Ein Musiker bucht eine Fotosafari nach Kenia. Schon gleich nach der Ankunft wagt er einen Ausflug in den Dschungel und kommt ob der Farbenpracht aus dem Staunen nicht heraus. Als er so gemütlich querfeldein schlendert, teilt sich auf einmal vor ihm das Gebüsch und ein Löwe mit 80 Zentimeter Schulterhöhe rennt unter lautem Brüllen in seine Richtung. Der Musiker erschrickt fürchterlich. Wie ein Blitz schießt es durch seinen Kopf: „Um Himmels willen – ich bin verloren! Ich trage keine Waffe bei mir, was soll ich denn nur tun?" In letzter Sekunde denkt er an seine Geige. Sofort packt er sein Instrument aus und beginnt zu spielen. Und siehe da, wie durch ein Wunder beruhigt sich der Löwe. Besänftigt sinkt er zu Boden und lauscht friedlich den kunstvollen Klängen. Begeistert trällert der Musikant noch ein paar Takte und will auch schon wieder aufhören. Doch da teilt sich erneut das Gebüsch und ein größerer Löwe mit ca. einem Meter Schulterhöhe schießt heraus. Er kommt ihm schon verdammt nahe. Da reißt der Musiker seine Geige gleich noch einmal ans Kinn und spielt, dass es nur so eine Freude ist. Der Löwe hält inne, verliert anstatt einem Brüllen schon fast ein Schnurren, legt sich hin und hört aufmerksam mit dem ersten Löwen das Konzert. Schweißgebadet fidelt der Musiker um sein Leben. Doch als er merkt, dass die beiden Raubtiere friedlich dahindösen, will er seine Geige endlich einpacken und aufhören. Der letzte Ton hallt noch durch die Luft, da teilt sich zum dritten Male das Gestrüpp. Der Geiger traut seinen Augen nicht: Ein riesiger Löwe galoppiert unter ohrenbetäubendem Brüllen auf ihn zu und kommt näher und näher. Rasch schnappt er Geige und Bogen und spielt und spielt und spielt ... Doch der Löwe fletscht aggressiv die Zähne, beschleunigt noch sein Tempo, setzt an zum Sprung und ... frisst den Musiker.

Von Beginn an haben zwei Affen dieses Schauspiel aus sicherer Entfernung verfolgt. Da sagt der eine Schimpanse zum anderen: „Siehst du, was habe ich dir gesagt: Der Terrische (= Schwerhörige) frisst ihn!"

Beim Friseur

Um drei Uhr nachmittags springt die Tür eines Friseurladens auf. Ein Mann schaut ins Geschäft und beginnt laut zu zählen: „Eins, zwei, drei ... vier – günstig", und saust schon wieder weiter. Der Chef sieht den Lehrling an und meint: „Na, was sagst du?" Der Lehrling erwidert mit Schulterzucken: „Ein Spinner! Was sonst?"

Am nächsten Tag – wieder pünktlich um drei Uhr nachmittags – öffnet derselbe Mann die Türe. Wieder sieht er sich um, hebt den Zeigefinger und zählt: „Eins, zwei, drei, vier, fünf ... sechs ... sieben, acht – sehr günstig!" Wirft die Tür ins Schloss und läuft. Der Chef sieht seinen Lehrling an und befiehlt: „Wenn der morgen wiederkommt, dann rennst du ihm hinterher! Ich möchte wissen, ob der zur Konkurrenz geht."

Am nächsten Tag um drei Uhr nachmittags dasselbe Szenario: Tür springt auf, der Mann wirft blitzschnell einen Blick in den Laden und zählt: „Eins, zwei, drei, vier, fünf, sechs ... sieben ... acht, neun, zehn ... elf, zwölf – äußerst günstig!" Tür zu, und weg ist er. Der Lehrling nimmt sofort die Verfolgung auf und kommt eine halbe Stunde später zurück. Neugierig erkundigt sich der Chef: „Na und? Ist er zur Konkurrenz?" Etwas verlegen murmelt der Lehrling: „Nein, Herr Chef, zuerst in die Blumenhandlung und dann zu ihrer Frau!"

Der Liebesbrief

Der kleine Maxi hat seiner Freundin doch glatt einen Liebesbrief geschrieben. Leider wurde er während des Unterrichts in der Volksschule etwas ungeschickt weitergegeben, weshalb ihn die Lehrerin gleich erwischt hat. Wütend steht sie vor der Klasse und schimpft: „Ach so ist das in dieser Klasse! Alle Buben, die schon einmal einen Liebesbrief geschrieben haben, stellen sich sofort heraus – auf die rechte Seite, und die, die noch keinen geschrieben haben, stellen sich auf die linke Seite." 16 Buben sind in der vierten Klasse der Volksschule, davon stehen nach Kurzem bereits 14 auf der rechten, und einer nur, der ist aber auch zu schüchtern, steht auf der linken Seite. Maxi bleibt kurioserweise sitzen. Da meint die Lehrerin forsch: „Ja, sag einmal Maxi, weißt du nicht, wo du hingehörst?"
„Nein, Fräulein", kontert der, „für mich wurde ja nichts eingeteilt. Wissen Sie, ich hab' ja schon geküsst!"

Schuluntersuchung

Die zehnjährige Resi kommt freudestrahlend von der Volksschule nach Hause: „Du Mutti, stell dir vor! Heute haben wir Schuluntersuchung gehabt und in unserer Klasse ist noch eine einzige Jungfrau."
„Das freut mich aber, dass du das bist!", erwidert die Mama. Darauf die Resi: „Nein, nicht ich, die Lehrerin!"

Auf dem Prüfstein

Nach einer gemütlichen Liebesnacht schaut er sich um und sagt: „Kathi, jetzt sei einmal ganz ehrlich! Wie war ich heute Nacht? War ich so feurig wie ein Ferrari oder war ich so elegant wie ein Mercedes, oder war ich so sportlich wie ein Porsche?“
Darauf antwortet Kathi ganz lakonisch: „Du, entschuldige, bei Autos kenne ich mich nicht so genau aus, aber das Pickerl bekommst du nicht mehr!“

Ein Episodenwitz: Drei Briefe

Eine junge Frau schreibt ihrem auf der Alm weilenden Mann Folgendes:

Lieber Karl!
Du kannst dich stolz Vater eines strammen Jungen nennen. Die Geburt verlief ohne Komplikationen und der Kleine ist wohlauf. Leider bin ich nicht in der Lage, ihn selbst zu stillen, weshalb ich mir eine Amme nehmen musste. Da die Frau aus Schwarzafrika stammt, hat unser Junge durch die Milch die schwarze Hautfarbe angenommen. Ich bin überzeugt, du wirst verstehen, dass ich nichts dafür kann.
Mit lieben Grüßen
dein Goldschatz Anita

Der Mann schreibt daraufhin an seine Mutter:

Liebe Mama!
Ich darf dir höchst erfreut berichten, dass du Oma geworden bist. Anita teilte mir mit, dass sie den Jungen nicht nähren konnte, weshalb sie eine Amme zuzog. Die Dame, die aus Schwarzafrika stammt, hat deinen Enkel wohl genährt. Nur leider hat der Bub durch die Milch die schwarze Hautfarbe angenommen. Dafür darf man aber Anita keinen Vorwurf machen.
Es grüßt und umarmt dich
dein glücklicher Sohn und Vater Karl

Die Mutter antwortet ihrem Sohn wie folgt:

Lieber Karl!
Mir ist es nach deiner Geburt genauso ergangen wie deiner Anita. Auch ich hatte zu wenig Milch! Da wir jedoch zur damaligen Zeit auch wenig Geld besaßen, konnte ich keine Amme hinzuziehen. Also wichen wir auf Kuhmilch aus. Bitte mach mir keinen Vorwurf, dass du ein Rindvieh geworden bist!
Mit lieben Grüßen
deine Mama

Im Deutschunterricht

Die Lehrerin beginnt die Deutschstunde mit folgenden Worten: „Wir bilden heute Sätze mit den Wörtern ‚soll', ‚haben' und ‚sein'." Der kleine Karli zeigt auf und darf gleich antworten: „Ich soll im Unterricht gut aufpassen." Die Lehrerin lobt Karl und nimmt gleich Maria an die Reihe: „Ich habe mir gestern zum ersten Mal die Fingernägel lackiert." „Wunderbar", meint die Lehrerin und fragt gleich weiter, „weiß noch jemand ein Beispiel?" In der letzten Bank steht der Maxi auf und verkündet stolz: „Fräulein, ich weiß einen Satz mit ‚soll', ‚haben' und ‚sein', also mit allen drei Wörtern." „Da bin ich aber gespannt!", freut sich die Lehrerin. Darauf meint Maxi: „Mir ist zu Ohren gekommen, die Frau Lehrerin soll zu haben sein!"

Sandler-Gespräch

Teffen sich zwei Arbeitslose. Sagt der eine zum anderen: „He, Charly, hast du dir dein Arbeitslosengeld schon abgeholt?" Prompt kommt die Antwort: „Nein, da kriegt man ja nie einen Parkplatz."

Die Sehenswürdigkeit

Zwei Urlaubsgäste stehen vor dem Kirchturm der Dorfkirche und starren eine Zeit lang bewundernd auf das Bauwerk. Auf einmal wenden sie sich an einen Einheimischen: „Entschuldigung, können Sie uns sagen, was das für drei Statuen da oben auf dem Kirchturm sind." „Keine Ahnung", erwidert der Passant, „aber wenn sie sich um zwölf Uhr bewegen, dann sind's Maurer."

Die Verkehrskontrolle (CD)

Ein englischer Urlauber wird mit seinem Morgan in der Steiermark von zwei Verkehrspolizisten angehalten. Hans, der ältere der beiden Polizisten, schaut in den Pkw und beanstandet: „He, du hast ja das Lenkrad auf der falschen Seite, das kostet gleich schon 20 Euro." Der Urlaubsgast fragt: „What do you mean? What do you want?" „Und wenn du nicht steirisch mit mir sprichst", erwidert gleich der Polizist, „dann zahlst du nochmals 20 Euro." Dabei wendet er sich an seinen Kollegen und befiehlt: „Du, Hans, schau dir den Wagen einmal etwas genauer an, ich glaube, wir haben eine gute Kundschaft erwischt." Hans nimmt gleich das Heck des Wagens unter die Lupe und ruft: „Ha, das Kennzeichen hat er gelb angestrichen, schreib noch einmal 20 Euro!" In diesem Moment entdeckt er die beiden Buchstaben GB für Großbritannien neben dem Kennzeichen. Sofort schleicht er nach vorne und flüstert seinem Kompagnon ins Ohr: „Du, Franz, lass den Herrn in Ruhe, das ist nämlich einer von der Griminal-Bolizei."

Linksverkehr

Zwei Freunde treffen einander. Verwundert fragt Fritz: „Hans, du bist noch da? Ich dachte, du machst Urlaub in England."
„Ich werde wohl eher nicht dorthin fahren", meint etwas ängstlich sein Freund.
Fritz: „Warum denn nicht?"
Hans: „Weißt, ich habe gelesen, dort fahren alle auf der linken Straßenseite. Ganz ehrlich gesagt, ich habe das von Graz bis Lannach probiert, aber das ist ja lebensgefährlich."

Das perfekte Alibi

Sie wütend zu ihm: „Wann bist du denn gestern nach Hause gekommen?"
Er noch etwas lallend zu ihr: „Um zehn Uhr."
Sie noch wütender: „Lüg nicht! Als du bei der Tür hereingekommen bist, hat es eins geschlagen."
Er ganz gelassen: „Schatz, es muss doch eins schlagen. Die Null kann es doch nicht schlagen."

In der Apotheke

Ein Herr stürmt in die Apotheke und meint: „Entschuldigung, Herr Magister, haben Sie ein Mittel gegen Schluckauf?" Der Apotheker greift in eine Schublade, holt einen nassen Fetzen hervor und haut diesen über den Kopf des Kunden. Dieser schaut daraufhin ganz entsetzt. Worauf der Herr Magister erklärt: „Schock, Schock ist das Beste gegen Schluckauf." „Das glaube ich Ihnen gern", erwidert darauf der Herr, „doch unter Schluckauf leidet meine Frau, und die sitzt draußen im Auto!"

Einfach nicht zu glauben

Ein Betrunkener sitzt in einem Kaffeehaus und bestellt zu seinem Kaffee ein Stück Zucker. Der Herr Ober kommt an den Tisch und insistiert: „Nicht bös' sein, ich habe Ihnen schon acht Stück Zucker gebracht." Darauf lallt der Betrunkene: „Ja, weiß ich, aber die gehn alle unter."

Die Muggi (CD)

Der Huber-Bauer erkundigt sich beim Arzt nach seinem Befund. „Lieber Hans“, meint der ziemlich forsch, „es tut mir leid, dir mitteilen zu müssen, dass du an einer Katzenallergie leidest. Es wird wohl das Beste sein, wenn du deine Katze außer Haus bringst.“ „Was“, erschrickt der Bauer Hans, „die Muggi, mein Liebling, die netteste Katze, die es gibt, soll ich weggeben?“ Drauf versucht der Herr Doktor zu erklären: „Schau, Hans, wenn du die Katze nicht entfernst, können deine Atembeschwerden chronisch werden, d. h. du wirst irgendwann unter Asthma leiden.“ Der Hans fährt sofort zu seiner Frau und schildert ihr seinen Zustand: „Schatz, es ist ganz fürchterlich, aber der Herr Doktor hat mir angedeutet, dass ich irgendwann unter einer schweren Erkrankung der Atemwege leiden werde, wenn ich die Muggi nicht weggebe. Meine Allergie kann ich nur so sinnvoll bekämpfen.“ „Ja, das ist doch nicht weiter tragisch“, entgegnet ihm seine Frau, „bring sie doch einfach zum Nachbarn.“ Gesagt, getan. Der Hans schnappt sein Fahrrad, gibt die Muggi in ihren Katzenkorb, den er auf den Gepäckträger klemmt, und radelt zum Nachbarn. Mit Tränen in den Augen lädt er seine süße Muggi ab, entschuldigt sich noch bei ihr, dreht sich um und fährt schluchzend nach Hause. Dort angekommen, stellt er sein Fahrrad in die Garage, zieht seine Schuhe aus, und als er in den Bauernhof eintritt, sitzt die Muggi schon im Vorraum. Sofort rennt er zu seiner Frau, um ihr alles genau zu erzählen. Doch diese meint nur: „Aber Hans, das wirst du doch wissen, dass Katzen mehr objekt- als personenbezogen sind. Du musst die Muggi mit einer List von hier wegbringen. Lass dir etwas einfallen!“

Daraufhin beschließt der liebe Hans, das Auto zu nehmen. Die Muggi setzt er auf den Beifahrersitz, schnallt sie an und stellt

ein Foto von einer Maus ins geöffnete Handschuhfach, um sie ja abzulenken. Nach ca. zehn Kilomtern bleibt er an einem großen Bauernhof stehen, entschuldigt sich wieder bei seiner geliebten Muggi und setzt sie in der Nähe der Scheune ab. Mit nassen Augen fährt er zurück, stellt das Auto in die Garage, nimmt das Foto aus dem Handschuhfach und schließt dieses. Traurig öffnet er die Haustür, tauscht seine Schuhe gegen die Hausschuhe, und als er sich umdreht, sitzt die Muggi im Vorraum. Sofort berichtet er alles seiner Frau, doch die Freude muss jäh der Vernunft weichen und er startet den dritten Versuch:
Als Erstes bekommt die Muggi eine Augenbinde, dann legt er sie in den Kofferraum seines Wagens und los geht's. Er braust nach Graz, düst bei Rot über die Kreuzung – damit sich die Muggi nicht mehr auskennt –, fährt dreimal jeden Kreisverkehr, benutzt Einbahnstraßen in entgegengesetzter Richtung – damit sich die Muggi nicht mehr auskennt –, und zu guter Letzt fährt er noch rückwärts in Sackgassen ein und rollt wieder heraus. Um 22.15 Uhr schellt auf einmal das Telefon beim Huber-Bauern. „Hallo, wer spricht?", ertönt es in der Leitung. „Ich bin es, Schatzl", stottert der Hans. „Wo bist du denn, um Himmels willen, ich mach mir schon solche Sorgen", erwidert seine Frau. „Ja, du weißt doch, ich bin mit der Muggi unterwegs!", verteidigt sich der liebe Hans. „Geh, hör doch auf!", schallt es etwas barsch von der anderen Seite, „die Muggi ist doch schon seit einer Stunde wieder da!" Prompt und fast erleichtert stammelt da der Hans: „Ja, dann hol sie schnell zum Telefon, dass sie mir den Weg erklären kann."

Schlechte Ausreden

Ein Mann fährt Schlangenlinie auf der Dorfstraße. Schon winkt ihn die Verkehrspolizei heraus und einer der Beamten meint:

Polizist: „Würden Sie die Güte haben und in dieses Röhrchen blasen."

Lenker: „Nein!"

Polizist: „Warum nicht?"

Lenker: „Ich bin Asthmatiker. Wenn ich mit voller Kraft da hineinblasen muss, bekomme ich einen Hustenkrampf."

Polizist: „Dann machen wir eine Blutprobe."

Lenker: „Nein, ich bin Bluter! Wenn Sie mir in den Arm stechen, blute ich aus."

Polizist: „Dann steigen Sie bitte aus und gehen die weiße Linie entlang!"

Lenker: „Nein, geht auch nicht."

Polizist: „Jetzt erzählen Sie mir womöglich noch, Sie sind kriegsversehrt."

Lenker: „Nein, aber stockbesoffen."

Bauernregeln

Unser Dian hat koa Hian,
und sie wird auch koans mehr kriagn.

***

Zwei Bauern gingen jagen in den Wald,
da machte der eine den andern Bauern kalt.
Ja, so ist's nun mal im Leben,
es muss auch kalte Bauern geben.

Mia hoff'n, dass du und da oa nit imma so longsom toa,
sunscht san du und da oa am nächst'n Sunntog alloa.

***

Deis Wetter ist wie g'schoffn für die Knecht,
schuftens nicht, dann g'friert's es recht.

***

Hat die Bäurin zu viel Kilo,
dann nascht sie heimlich aus dem Silo.

***

Die Bäurin dick, die Sau zaundürr!
Folsch gfuatat, kimb ma vir.

***

Stirbt der Bauer im Oktober,
braucht er im Winter kan Pullover.
Stirbt der Bauer im Mai,
wird ein Fremdenzimmer frei.

***

Geht der Bauer in der Früh durchs Zimmer,
woaß die Magd, jetzt schlåft er nimmer.

***

Will der Bauer Schinken schlucken,
braucht sein Schweindl demnächst Krucken.

***

Weisheiten und freche Sprüche

Frau zum Mann: Wenn du mich wirklich geliebt hättest, dann hättest du eine andere geheiratet.

***

Computer helfen uns Probleme zu lösen, die wir ohne sie gar nicht hätten.

***

Die Liebe ist das Licht der Welt – und die Ehe ist dann die Stromrechnung.

***

Lass dich aus der Rolle fallen, damit du aus der Falle rollst (= die Philosophie des Clowns).

***

Ich bin eine ganz kleine Nummer – die Nummer eins.

***

Nobody is perfect – aber wir sind verdammt nah dran!
Oder: Nobody is perfect! My name is NOBODY.

Wo wir sind, da ist vorn: Sollten wir wider Erwarten einmal hinten sein – dann ist hinten vorn, klar?

***

Es gibt vieles, was uns von Marionetten unterscheidet,
doch eins vom Tollsten ist wohl,
wir können schnurlos telefonieren.

Das Schönste am Seitensprung ist der Anlauf.

***

Ich weiß nicht, was wir ohne Sie in unserem Betrieb machen sollen, aber ab morgen probier'n wir's.

***

Das Schlimmste an Antiquitäten ist, dass ihre Preise so modern sind.

***

Was soll denn der Slogan:
„Wir brauchen nicht sechs im Lotto, sondern Sex im Leben!" –
Als ob das nicht noch stressiger wäre.

***

Die Frau wurde nicht aus der Rippe Adams geschaffen, sondern aus dessen Gehirn. Der Beweis ist einfach: Die Rippen hat der Mann noch ...

***

Wer allzu lange ein Auge zudrückt, dem gehen eines Tages beide auf.

***

Eine Frau, die so gut sein will wie ein Mann, hat einfach keinen Ehrgeiz.

***

Die drei größten Krisen im Leben eines Mannes:
Frau weg – Job weg – KRATZER IM LACK!!!

***

Hinter jedem erfolgreichen Mann steht eine starke Frau ...!
Hinter jeder erfolgreichen Frau
stehen mindestens zwei Männer, die das verhindern wollen.

***

Vergiss nicht, ich kann dir zwar nicht helfen,
aber unheimlich schaden.

***

Ein Mann wie ein Orkan, wenn man sich den Wind wegdenkt.

***

Warum kommen Sie nicht einmal,
wenn Sie etwas weniger Zeit haben!

***

Sie: Liebst du eigentlich mich oder nur meinen Körper?
Er: Schatz, lass mich eine Nacht drüber schlafen.

***

Nicht, dass Sie meinen, eine „Flügelschraube" sei eine alternde Konzertpianistin.

***

Übrigens ... nicht jeder, der mitgenommen aussieht, ist per Anhalter gefahren!

***

Merkwürdig – wenn ein Musiker ein eintöniges Leben führt.

***

Ist es nicht paradox, wenn in einem Stehausschank einer zu liegen kommt, nur weil er einen sitzen hat.

***

Beachtlich finde ich, wenn einer den Kopf verliert und sich dennnoch behauptet.

***

Wenn Sie nach Hause fahren, dann bleiben Sie bitte auf dem Gehsteig; wissen Sie, auf der Straße passieren so viele Unfälle.

***

Schwester: Herr Doktor, der Hypochonder
von Zimmer 14 stirbt!
Arzt: Na, jetzt übertreibt er's aber!

***

Wer nach allen Seiten hin offen ist,
der kann nicht ganz dicht sein!

***

Pfarrer: Ich habe immer betont, dass die Armen in der Kirche gerne gesehen sind. Wie ich aus der Kollekte ersehe, sind sie heute alle gekommen.

***

Einen großen Vorteil hat uns die Motorisierung schon gebracht: Die Pferdediebstähle sind zurückgegangen.

***

Frauen lieben die einfachen Dinge des Lebens –
zum Beispiel Männer.

***

Wem die Sintflut gefallen hat, der wird auch an diesem Film seine Freude haben.

***

Ich bin kein Mann für eine Nacht, mir reicht eine Viertelstunde.

***

In der Ehe gibt es zwei Möglichkeiten: Entweder hat man ein trautes Heim, oder man traut sich nicht heim.

***

Manchmal ist die Zimmertemperatur
höher als der IQ der Diskutanten.

***

Im Winter sind viele Straßen glatter als so manches Gesicht.

***

Komisch, manch einer muss sitzen, weil er gestanden hat.

***

Es gäbe sicher weit weniger Scheidungen,
wenn Männer ihre zweite Frau zuerst heiraten würden.

***

Anschlag in einer italienischen Kirche:
Achten Sie auf ihre Handtasche,
nicht alle Gottesdienstbesucher sind schon bekehrt.

***

Ich bin kein leichter Fetzen, ich will erobert werden!

***

Da gilt die goldene Regel: Wer das Gold hat, macht die Regel.

***

Was die Deutschen von den Österreichern wirklich unterscheidet, ist die gemeinsame Sprache.

***

Wer am Morgen zerknittert aufsteht, hat den ganzen Tag über Entfaltungsmöglichkeiten.

***

Die schrecklichsten Abgründe öffnen sich, wenn zwei Menschen sich wirklich lieben. Denn da merken sie erst alles, was trotzdem nicht stimmt.

***

Rauchen Sie nie im Bett, die Asche könnte Ihre eigene sein!

***

Ich behaupte nicht, dass meine Frau ständig redet, aber nach zwei Tagen Rimini hatte sie einen Sonnenbrand auf der Zunge!

***

Zukunft ist das, was das Fernsehen schon hinter sich hat.

***

Man braucht nicht unbedingt eine landwirtschaftliche Ausstellung zu besuchen, um zu erleben, wie das größte Rindvieh dekoriert wird.

***

Immer wieder schocken mich Datingshows, weil ich verwundert zusehen muss, wie zwei zusammenfinden, die allein schon bescheuert genug sind.

***

Gott sei Dank ist nicht alles so hart wie meine Leber!

***

Wie sagte doch der Glatzkopf bei seiner Heirat: Hoffentlich geht das so gut aus wie meine Haare.

***

Geld verdirbt den Charakter! An dir sieht man, dass das auch ohne Geld durchaus funktionieren kann.

***

Aus Steinen, die einem in den Weg gelegt werden, kann man oft etwas Schönes bauen.

Gehirne von Frauen sind billiger – sie sind nämlich gebraucht.

***

Er ist ein Übersee-Geschäftsmann: Er macht die Geschäfte, die andere übersehen.

***

Kennen Sie sein Haus? Unglaublich, allein sein Wohnzimmer ist so groß, dass Sie anhand der Form einer Fußleiste die Erdkrümmung nachvollziehen können.

***

Wie sagte doch der Star nach tosendem Applaus: Danke, übertreiben Sie's nicht, das Ensemble ist das nicht gewöhnt und außerdem können sie mit Erfolg nicht so gut umgehen wie ich.

***

Lieber Sonne im Herzen als Schatten auf der Lunge.

***

Verwandte sind wie Ratten, was sie nicht fressen oder saufen, das schleppen sie weg.

***

Werbeslogan für eine stauverseuchte Autobahn: Tauernautobahn – I steh drauf!

***

Es ist immer der Vogel, der singt, nicht der Käfig.

***

So manch einer hält Skrupel für eine Währungseinheit in Russland.

Nicht alle Verlobungen enden glücklich,
manche in einer Ehe.

***

Darf ich vorstellen: mein Freund Peter.
Er hasst Fische, denn seine Frau hieß „Gräte".

***

Stimmt! Mein Freund ist etwas übergewichtig.
Also wenn der noch zwei Kilo zunimmt,
dann bekommt er eine eigene Postleitzahl.

***

Neue Besen kehren zwar gut,
aber sie kennen nicht alle Ecken.

***

Die Weisheit des Poker-Spielers:
Wenn du nach 30 Minuten Spiel den Trottel am Tisch
noch nicht entdeckt hast, bist du es selber.

***

Als wir noch dünner waren, standen wir uns näher.

***

Gastfreundschaft ist die Kunst, Besuchern das Gefühl zu vermitteln, sie seien zu Hause, während man wünscht, sie wären es.

***

Ein Gastgeber ist wie ein Feldherr: Erst wenn etwas schiefgeht, zeigt sich sein Talent.

***

Niemand trägt auf einer Party so viel zur Unterhaltung bei wie diejenigen, die gar nicht da sind.

***

Alles, was wirklich Spaß macht, ist entweder verboten, unmoralisch oder es macht dick.

***

Der Wein ist unter den Getränken das nützlichste, unter den Arzneien das schmackhafteste und unter den Nahrungsmitteln das angenehmste.

Witze

UI! ICH SEH'
DIE POINTE NICHT...
HARRYS
LIEBSTE
WITZE
SUPER
PANORAMA
HABECK

Beim Heer

„Freiwillige vor! Wer chauffiert denn diesmal den Munitions-Lkw?“, ruft der Spieß. Es melden sich zwei Steirer. Ein Unteroffizier, der mit den beiden Mitleid hat, holt die zwei beiseite und erklärt: „Burschen, macht das besser nicht, beim letzten Mal hatten wir zwölf Tote, da der Transporter leider explodiert ist.“ „Das kann heut' auf keinen Fall passieren“, erläutert prompt der Hans. „Warum denn nicht?“, fragt der Helfer. Doch Hans klärt auf: „Jo, weil mia nur zu zweit sind.“

Arztbesuch

Eine Frau geht zum Arzt und erzählt, dass sie in letzter Zeit einfach zu wenig sehe. Der Arzt untersucht und erwidert: „Sie haben Glück, gnädige Frau, das lässt sich mit Augentropfen erledigen.“ Die Frau geht nach Hause, erzählt es ihrem Mann, und währenddessen beginnt sie auch schon mit der Anwendung. Sie träufelt sechs Tropfen ins linke Aug, sechs Tropfen ins rechte Aug und zehn Tropfen auf ihren Schoß. Drauf wundert sich der Mann: „Warum träufelst du denn Augentropfen in die Schoßgegend?“ Keck kommt die Antwort: „Ja, da hab' ich auch schon lange nichts gesehen!“

Länderrivalität

Ein Ami, ein Deutscher und ein Tiroler stehen an der Bar und trinken je eine Flasche Bier. Auf einmal wirft der Ami die halbleere Flasche in die Luft, zieht seinen Colt und trifft. Danach verkündet er lässig: „Wir Amerikaner trinken nie zwei Glas Bier aus derselben Flasche!“ Der Deutsche nimmt einen Schluck, wirft sein Glas in die Luft, zieht und schießt sein Glas in tausend Scherben: „Wir Deutsche trinken doch nie zwei Schluck Bier aus demselben Glas, dat han wa doch nich Not, ihr Saufköpfe.“ Der Tiroler trinkt sein Bier auf einen Zug aus, wirft Flasche und Glas gleichzeitig in die Luft, zieht seinen Colt und erschießt – noch bevor Glas und Flasche den Boden berühren – den Deutschen. Der Ami schreit: „Jesus, what have you done?“ Die Antwort fällt recht kurz aus: „Mia Tirola trink'n nie zwei Bier mit dem gleichen Deutschen.“

Steirer unter sich

Zwei Freunde treffen sich nach langer Zeit endlich wieder. „Hans, bist du's wirklich, dich habe ich ja ewig nicht mehr gesehen." „Ja weißt, Rudi", erklärt dieser, „ich war zwei Jahre lang in Raggal." „Wo?", fragt der Freund verwundert. „In Raggal, im Walsertal." Mitleidig meint da sein Freund: „Jessas, das muss ein Nest sein! Sag doch lieber, du hast zwei Jahre lang in ... in ... zum Beispiel Las Vegas gewohnt." Kurz darauf trifft Hans auf einen alten Schulkollegen. „Hans, dich habe ich eine Ewigkeit nicht mehr gesehen. Wo steckst du denn immer?" Stolz erwidert Hans: „In Las Vegas!" „Ja, wie bist du denn dahin gekommen?", erkundigt sich der Schulfreund weiter. „Ganz einfach: von Bregenz bis Bludenz mit dem Zug und dann weiter mit dem Postautobus."

So klug sind manche Mädchen (CD)

Hans, ein Steirer, war auf Urlaub im Kaunertal und erzählt ganz begeistert seinem Freund Franz von der Klugheit der dort lebenden Frauen: „Waßt Frounz, i hob dei jo überhaupt nit vastound'n, dö houmbt sou an wüld'n Dialekt, dö Kaunertolarinnen. Drauf hob i ma denkt, i zeich'n afoch auf, wos i wüll. Also i kritzel a Flousch'n und zwoa Glasln; hot dei sofoat gwusst, dass i mit ihr a Floschn Wein trink'n mecht." Mit einem leichten Lächeln auf dem Gesicht stellt Franz fest: „Also, dös hätt i a gwusst!" Doch Hans lässt sich in seiner Begeisterung nicht bremsen: „Pass auf, es kummt no bessa. I mol an Violinschlüss'l und an Parkettboden; draufhin hot dei sofort kapiert, dass i mit ihr tonz'n geh wüll." Der liebe Franz ist immer noch nicht hingerissen: „Dös hätt' i oba a darot'n, göll."

„Moment, i bin jo no net fertig", setzt Hans nach, „huach zua, jetzt kommt's! Knapp vor Mitternocht nimmt dei fesche Taub'n mein Zettel und zeichn't a Nochtkastl und a Bett." Da lästert Franz: „Wia kommst du drauf, dass dö besondas gscheit sein soll?" Sofort klärt Hans auf: „Jo, weil i no goa nix von mia dazöhlt hob und sie scho waß, dass i a Tischla bin."

Der 50. Hochzeitstag

Sie: „Schatzi, hast du mich einmal betrogen?"
Er: „Ganz ehrlich gesagt, ja!"
Sie: „Wie oft?"
Er: „Ich schwöre, nur ein Mal!"
Sie: „Mei, Schatzl, wie gut könnten wir das eine Mal jetzt brauchen."

Ärztliche Hilfe (CD)

„Herr Doktor, meine Frau schläft nicht mehr mit mir", beschwert sich ein Mann in der Sprechstunde. Daraufhin bittet der Arzt, man möge ihm Frau Maier vorbeischicken, denn er könne keine Ferndiagnose stellen. Tags darauf steht die Dame in der Praxis. „Gnädige Frau, Ihr Mann, der Herr Maier, hat sich beklagt, dass er in letzter Zeit etwas Unlust bei Ihnen verspüre, gibt's gesundheitliche Beschwerden?"
Frau Maier: „Nein, Herr Doktor, im Gegenteil! Aber schaun S', ich steh' am Morgen schwer auf und schaff' nur selten den Stadtbus, also nehm' ich mir ein Taxi. Prinzipiell habe ich dann zu wenig Geld mit, und jeder Taxler hat bis jetzt nur gesagt:

‚Sie kennan net zoin, o. k., dann mach' ma a Anzeige, oder?' Dann hab' ich mich eben fürs ODER entschieden! Leider komme ich deswegen noch später zur Arbeit, und mein Abteilungsleiter meint jedes Mal: ‚Aha, wieder amoi z'spät, das werden wir dem Chef melden müssen, oder?' Natürlich entscheide ich mich wieder fürs ODER. Und wissen S', Herr Doktor, beim Mittagessen bedient mich in der Kantine ein so süßer Ober. Der kommt immer nach der Hauptspeise und meint: Nachspeise, oder? Bei dem Schnuckel entscheide ich mich dann sowieso fürs Oder. Wenn ich jedoch dann spät abends zu Hause ankomm', bin ich zugegebenermaßen etwas lustlos."
Doktor: „Danke, dann hätten wir das ja geklärt, aber ich muss das jetzt dem Herrn Maier erzählen – ODER?"

Die Liebe

„Mein neuer Freund will mich platonisch lieben", erzählt Susi ihrer Freundin. „Platonisch? Wie geht denn das?", bohrt die Freundin nach, doch diese erwidert blitzschnell: „Keine Ahnung. Aber ich habe mich für alle Fälle überall gewaschen."

Zeugnisverteilung

Papa: „Franz, wo hast du dein Zeugnis?“
Franz: „Das hab ich dem Max geliehen.“
Papa: „Warum denn?“
Franz: „Ja, weißt, der will seinen Papa schocken.“

Lösung gesucht

Gerade vier Wochen ist das junge Paar verheiratet, da ruft Cornelia ihre Mutter an und schluchzt: „Wir hatten unseren ersten Krach.“ „Nur ruhig, mein Kind“, tröstet die Mutter, „das kommt in jeder Ehe mal vor.“ Da stottert Cornelia: „Ja, aber ich weiß nicht, wohin mit der Leiche.“

Guter Trick

Ein Mann weckt seine Frau mitten in der Nacht: „Liebling! Hier, deine Kopfschmerztabletten." Schläfrig sagt sie: „Aber ich hab doch gar keine Kopfschmerzen!" Daraufhin der Mann: „Na dann ..."

Wie ich sterben möchte (CD)

Franz sitzt mit seinen Freunden im Gasthaus und philosophiert: „Also wenn ich einmal sterben muss, dann möchte ich so sterben wie mein Opa."
Einer aus der Runde: „Warum? Wie ist der gestorben?"
Franz: „Du, einfach eingeschlafen – ja – einfach eingeschlafen."
Einer aus der Runde: „Sicher ein schöner Tod."
Franz: „Du, auf keinen Fall möchte ich so sterben wie Großvaters beste Freunde, also die zwei fanden wirklich einen schlimmen Tod."
Einer aus der Runde: „Warum, wie sind sie gestorben?"
Franz: „Ja, die sind bei meinem Opa im Auto gesessen."

In der Tierwelt (CD)

Ein Haserl hüpft fröhlich und entspannt durch die Savanne. Auf einmal stößt es an ein Hindernis. Es schaut durch das hohe Gras nach oben und ist höchst erstaunt.

Hase: „Baaa, Wahnsinn! Was bist du denn für ein Tier?"

Giraffe: „Ich bin eine Giraffe."

Hase: „Was bist du?"

Giraffe: „Eine Giraffe!"

Hase: „Na, bumm, so etwas habe ich noch nie gesehen; dieser riesige Hals! Ist der praktisch?"

Giraffe: „Stell dir vor, mich dürstet. Ich senke mein Haupt, nehme einen Schluck erfrischendes, kaltes Wasser, ich spüle damit meinen Mund. Dann rinnt es in meinen Schlund, fließt in diesen Hals und es kühlt – und es kühlt – und es kühlt unendlich lange und schön!"

Hase: „Aha, das kapier ich!"

Giraffe: „Oder – ich fühle mich hungrig; also senke ich mein Haupt, schnappe mir einen Happen saftigen Grases, dieser gleitet über meinen Gaumen, der Geschmack macht sich breit über die Schleimhäute, und über den Schlund rutscht das schmackhafte Etwas in meinen langen Hals und es ist köstlich, köstlich, unendlich köstlich."

Hase: „Ja, das leuchtet mir ein! Aber ... hast du schon einmal g'spieb'n?" (= Hast du dich schon einmal übergeben?)

Unfall im Wald

Zwei Schnecken treffen sich, eine hat leider ein blaues Auge. Neugierig stöbert die eine im Privatleben: „Wie ist denn das passiert, hast' eine Schlägerei g'habt?" „Nein", erwidert die Angeschlagene. Doch Erstere gibt nicht auf: „Ja, woher kommt denn das Veilchen?" „Das ist mir beim Joggen passiert", erklärt die Verletzte, „stell dir vor, ich renne durch den Wald und auf einmal schießt direkt vor mir ... ein Schwammerl aus dem Boden."

An allem ist der Alkohol schuld

Sie mit weinerlicher Stimme: „Mir reicht's! Der Alkohol ist schuld, dass du deinen Führerschein verloren hast, der Alkohol ist schuld, dass du deinen Job verloren hast, ja, der Alkohol ist auch schuld, dass du auf deine Schwiegermutter geschossen hast ..."
Da unterbricht er lallend: „... und der Alkohol ist schuld, dass ich sie nicht getroffen habe."

Die letzte Chance

Ein Mann kommt in ein Lokal und bestellt ein Glas Milch. Darauf meint der Wirt: „An Schwule schenken wir nichts aus!" Doch der Gast bettelt: „Ich hätte aber so gern ein Glas Milch, dann bin ich wieder fit wie ein Turnschuh und vertschüss mich auch durch die Hintertür, wenn's sein muss." „Also gut", lässt sich der Wirt überreden, „Sie bekommen ein Glas Milch, setzen sich dort hinten in die Ecke, trinken, so schnell es geht,

Ihr Glas aus und verschwinden, o. k.!" Als der Schwule gerade im Eck Platz nimmt, kommt ein Bärenlackel mit 2,10 Meter Körpergröße ins Wirtshaus, haut mit der Faust auf die Theke und ruft: „Rasch ein Bier, i hob an Durscht wie ein Stier." Darauf ertönt es aus der Ecke: „Muuhhh!"

Formel 1

Das Ferrari-Team hat die gesamte Boxen-Crew entlassen und stattdessen eine Gruppe junger Polen eingestellt. Diese Entscheidung traf das Team, nachdem es eine Dokumentation über junge Polen gesehen hatte, welche innerhalb von vier Sekunden alle Räder von einem Auto abschrauben konnten, ohne das richtige Werkzeug zu haben.
Die neue Crew arbeitete jedoch nur zehn Tage bei Ferrari: Sie wechselten zwar mit dem Spezialwerkzeug die Reifen innerhalb von zwei Sekunden, doch nach weiteren 20 Sekunden hatte das Auto eine neue Fahrgestellnummer, eine andere Farbe und wurde an McLaren-Mercedes verkauft.

Das Inserat

Eine Blondine wünscht folgenden Text:
Suche Mann mit Rossschwanz – Frisur egal!

Hoppala

Frau Mair ruft bei der Fensterputzfirma Sedlacek an und bittet um einen Fensterputzer. Bereits nach 20 Minuten läutet es an der Tür und Frau Mair öffnet. „Grüß Gott, ich komme von der Firma Sedlacek und Söhne und bin da zum Fensterputzen." Froh über die rasche Hilfe, schickt Frau Maier den Herrn ins Wohnzimmer. Zehn Minuten später läutet es schon wieder: „Grüß Gott, ich komme von der Firma Sedlacek und Söhne und bin da zum Fensterputzen." „Nein, um Himmels willen", meint Frau Mair, „ich brauche doch nicht zwei Fensterputzer, die Wohnung hat ja nur 50 Quadratmeter! Aber wenn Sie nun schon einmal da sind, dann putzen Sie eben das Küchenfenster."

Zehn Minuten später läutet es erneut an der Tür: „Grüß Gott, ich komme von der Firma Sedlacek und Söhne und bin da zum Fensterputzen." „Nein", empört sich Frau Mair, „das ist endgültig zu viel des Guten. Ich brauche doch nicht drei Herren!" Da antwortet der Fensterputzer: „Ich bin doch immer derselbe, ich bin schon zweimal owikugelt" (= hinuntergefallen).

Falsch verstanden

„Stellen Sie sich vor, Frau Maier, mein Mann geht auf die Seit'n!", berichtet eine Dame ihrer Nachbarin, die darauf meint: „Sind Sie doch froh! Der meine macht das nie, und jetzt ist der Trottel unter's Auto gekommen."

Der kranke Mitarbeiter

Ein Gastarbeiter kommt zu seinem Chef.
Erkan: „Chef, heute Erkan nix arbeit!"
Chef: „Warum denn nicht?"
Erkan: „Hab i Kopfweh, Bauchweh und Halsweh."
Chef: „Was?"
Erkan: „Chef, Erkan kann nix arbeit! Hab i Kopfweh, Bauchweh, Halsweh!"
Chef: „Wie stellst du dir das vor? Glaubst du, ich hab' nicht auch ab und zu irgendwelche Schmerzen, und trotzdem geh' ich zur Arbeit. Ich kuschel mich eben morgens zu meiner Frau, mach' etwas Liebe und schon sind alle Wehwehchen verflogen."
Erkan: „Oh, danke Chef, für gutes Tipp!"
Schwupp reißt er die Tür auf und springt davon. Zwei Stunden später kehrt Erkan zurück und läuft gleich ins Chefbüro, um zu berichten: „Chef, hab i nix mehr Kopfweh, Bauchweh oder Halsweh, alles wie weggeblasen; und Chef, Gratulation, du haben schöne Wohnung!"

Grüne Hochzeit

Ein Mann schreitet mit seiner hübschen Braut zur Kirche, um sie zu heiraten. Vor der Kirche bleibt er kurz stehen und gibt ihr eine Ohrfeige. Sie schaut ihn ganz verdutzt an, worauf er meint: „Dass du weißt, woher ab jetzt der Wind weht." Nach der Trauung kommt das Brautpaar aus der Kirche, er küsst sie und fängt unter allen Hochzeitsgästen eine Backpfeife, dass es nur so klatscht. Der Mann schaut völlig entgeistert, worauf sie lästert: „Dass du einmal siehst, wie schnell der Wind dreht."

Eigentlich logisch

Ein Herr kommt zum bauMax: „Verzeihung, ich bin Besitzer einer Jugendstilvilla. Stellen Sie sich vor, man hat mir heute Nacht aus meiner Haustür ein riesengroßes Türschloss aus Schmiedeeisen herausgestohlen! Haben Sie so ein Schloss?" „Nein", antwortet der Angestellte, „so ein Schloss haben wir nicht!" „Ja", bleibt der Kunde hartnäckig, „es ist ohnehin ein Provisorium, haben Sie vielleicht so ein mittelgroßes Schloss?" Daraufhin meint der Verkäufer: „Nein, mittelgroßes Schloss haben wir auch keines." Der Kunde erwidert, schon etwas aufgebracht: „Kein Problem, über das Wochenende genügt mir ja auch ein Vorhängeschloss. Haben Sie ein einfaches Vorhängeschloss?" Der Verkäufer schon etwas ungeduldig: „Nein, wir haben auch kein Vorhängeschloss." Jetzt schimpft der Kunde aber: „So, jetzt reicht's mir! Wenn Sie überhaupt nichts haben, warum haben Sie dann überhaupt geöffnet?" Da murmelt der Verkäufer: „Ja, weil wir kein Schloss haben!"

Beim Arzt

Doktor: „Herr Huber, nicht böse sein, aber ihr Scheck ist wieder zurückgekommen."
Patient Huber: „Herr Doktor, das Rheuma auch!"

Verzweifelte Suche (CD)

Zwei Männer stoßen im Einkaufszentrum zusammen. „Entschuldigung, aber ich habe meine Frau verloren!“ Daraufhin meint der Zweite: „Ha, ich die meine auch, deshalb war ich auch so unaufmerksam. Wissen S’ was, wir suchen gemeinsam! Wie sieht denn Ihre Frau aus?“ Nervös, aber ziemlich schwärmerisch stammelt der Sepp: „Also, die Beschreibung ist einfach: Sie ist 1,73 Meter groß, trägt wallendes blondes Haar, erotischen Kussmund, verfügt über einen gut besuchten Pullover und hat unglaublich sexy lange Beine. Sie bewegt sich irre und hört auf den Namen Fabienne. Und wie sieht Ihre Frau aus?“ Da meint der eine: „Völlig egal, suchen wir doch Ihre.“

Psychotherapie

Fragt der Psychiater: „Und wann haben Sie gemerkt, dass Sie ein Pferd sind?“ Darauf antwortet Egon: „Schon, als ich noch ein kleines Fohlen war, Herr Doktor.“

Fachdialog im Krankenhaus

„Den haben wir gerade noch rechtzeitig operiert“, meint der Oberarzt zum Famulus, „in ein paar Tagen wäre der Patient womöglich von selber gesund geworden.“

Diskussion im Meer

Drei Haie treffen sich im Meer und unterhalten sich.

Hai 1: „Bumm, ich hatte Todesangst! Fress' ich doch am Wochenende einen Amerikaner, der hatte so viel Kaugummi im Magen, dass ich einen Tag lang mein Maul nicht mehr aufreißen konnte. Alles verklebt!"

Hai 2: „Das ist doch gar nichts, ich hatte Todesangst! Ich habe nämlich vorige Woche einen Russen gefressen, der hatte so viel Wodka im Bauch, dass ich beinahe an einer Alkoholvergiftung zugrunde gegangen wäre. Kopfweh verspür' ich heute noch!"

Da meint der dritte Hai: „Das ist doch überhaupt nichts! Ich habe letztens einen österreichischen Politiker gefressen; der hatte so viel Luft im Hirn, dass ich drei Tage nicht mehr tauchen konnte."

Beim Arzt

„Warum haben Sie mir denn meine Rechnungen ungeöffnet zurückgesandt?“, fragt der Arzt seinen Patienten. „Herr Doktor“, meint dieser, „Sie haben mir doch jede Aufregung verboten.“

Reine Verwechslung

Ein Pkw-Lenker bleibt bei einem Verkehrspolizisten stehen und fragt: „Entschuldigung, können Sie mir sagen, wo hier die Goethegasse ist.“ Der Polizist runzelt nachdenklich die Stirn und erklärt: „Also in diesem Stadtteil, und ich kenne mich hier wirklich gut aus, gibt es keine Goethegasse. Schauen Sie, Sie fahren jetzt auf der Innsbrucker Straße, dort oben biegt die Franz-Josef-Straße ein, und parallel zu uns verläuft die Kupfergasse.“ „Richtig!“, sprudelt da freudestrahlend der Fremde, „das habe ich schon wieder verwechselt.“ Kopfschüttelnd schaut ihn der Polizist an. „Ja, wissen Sie“, fährt der Lenker fort, „ich verwechsle dauernd Goethe mit Schiller, Schiller mit Lessing, Lessing mit Messing und Messing mit Kupfer!“

Musiker

Zwei Musiker treffen sich: „Und wie läuft es dir beim Kompostieren?“, fragt der eine. Erbost antwortet der: „Entschuldige, ich schreibe Lieder, die Tätigkeit heißt Komponieren.“ „Ach so“, erwidert provokant der andere, „schreibst du jetzt keinen Mist mehr.“

Ja, wenn das so ist

Ein Mann klopft an die Himmelstür. Auf einmal öffnet ihm der Teufel. Der Mann erschrickt entsetzlich und fragt: „Um Himmels willen, bin ich falsch?“ „Nein“, sagt der Teufel, „wir haben fusioniert.“

Böse Überraschung (CD)

Der Teufel stürmt in einer kleinen Gemeinde in den Gottesdienst. Alle nehmen Reißaus und rennen wie wild hinter dem Pfarrer aus der Kirche. Der Teufel lacht und meint: „Sogar hier im heiligen Lager haben alle höllischen Respekt vor mir, haha!“ Da entdeckt er in der ersten Reihe vor dem Altar ein kleines Bäuerchen. Er stellt sich wild schnaubend davor und schreit: „Hast du keine Angst vor mir?“ „Nein!“, gibt der Bauer frech zurück. „Ja, weißt du überhaupt, wer ich bin?“, fragt der Teufel ziemlich irritiert. Der Bauer, ohne zu überlegen: „Ja! Das weiß ich wohl. Du bist der Teufel.“ Drauf der Teufel wutschnaubend: „Warum fürchtest du dich nicht?“ „Weil ich“, erwidert der Bauer zornig, „seit 40 Jahren mit deiner Schwester verheiratet bin.“

Oje, ein Fettnäpfchen

Zwei Skilehrer gehen miteinander spazieren, auf einmal sehen sie auf der anderen Straßenseite eine hübsche Dame. Sagt der eine: „Hans, schau dort drüben, die junge fesche Blondine. Stell dir vor, die hatte ich letzte Woche im Bett. Bumm, die fährt ein Programm, sensationell." Drauf entrüstet sich der Hans: „Heast Oida, bist deppert, das ist meine Frau!" Schwer errötend ätzt Karl: „Na, was erzähl ich dir."

Da soll sich einer auskennen

Gast: „Ich hätte gern ein gemischtes Eis."
Service: „Wie hätten Sie's gerne?"
Gast: „Vier Kugeln Vanille!"

Lyrisch

Es brennt in der Altstadt von Rothenburg ob der Tauber. Ein nobler Herr, der stets in Reimen spricht, ruft dem eiligen Nachtwächter zu: „Künde mir, oh Wächter der Nacht, wo blasen das Feuer die Winde?" Der Nachtwächter schaut sich um und murmelt: „Mann im Gewande der Nacht, leck mich am Arsch und verschwinde."

Seniorenwitz (CD)

Drei Senioren sitzen beisammen und philosophieren über das Sterben.
Hans: „Also ich war immer so ein Fan von klassischer Musik, wenn ich einmal sterbe, würde ich am liebsten neben Mozart liegen, das würde die Sache erleichtern."
Sepp: „Ja und ich habe immer große Dichter verehrt, am meisten Johann Wolfgang von Goethe. Das wäre schön, wenn ich neben dem einmal liegen könnte."
Lois: „Ich verehre die Schauspielkunst. Am allerbesten gefällt mir Julia Roberts, wenn ich doch neben der zu liegen käme."
Im Chor hört man gleich die beiden anderen schimpfen: „He, die lebt ja noch!" Drauf gibt der Lois etwas verschmitzt zu bedenken: „Ja, ich doch auch!"

Eine eheliche Frage

Sie: „Schatz, wirst du einmal mit einer anderen Frau schlafen, wenn ich gestorben bin?"
Er: „Aber, aber; deswegen musst' nicht gleich sterben."

Der kürzeste Witz zum Thema Ehe

Du Karl, deine Frau betrügt uns.

Silberhochzeit

Anlässlich des 25. Hochzeitstages sitzt das Paar am festlich geschmückten Tisch. Auf einmal erhebt sich die Frau und gibt ihrem Mann einen Klaps hinter das Ohr. Auf die Frage, was der Sinn dieser Züchtigung sei, antwortet die Frau keck: „Das war für 25 Jahre schlechten Sex." Da erhebt sich der Mann und gibt ihr ebenfalls einen Klaps. Sie ist verwundert und meint: „He, he! Wofür ist das?" „Na ganz einfach", meint er, „dafür, dass du den Unterschied kennst."

Zahnarzt

Ein Mann sitzt mit geschwollener Backe beim Zahnarzt. Der Arzt diagnostiziert: „Tut mir leid, der Weisheitszahn macht Probleme, der muss raus." Der Doktor holt die Zange, zieht mächtig an und erschrickt: „Um Himmels willen! Die Wurzel war verwuchert, jetzt habe ich Ihnen den Sehnerv mitgezogen." „Aber Herr Doktor", kritisiert der Patient, „deswegen müssen Sie ja nicht gleich das Licht ausschalten."

Zwei Senioren (CD)

Hans: „Hast schon gehört, der Franz ist gestorben."
Lois: „Jooo!"
Hans: „Du, aber das Begräbnis ist jetzt nicht am Dienstag, sondern erst am Donnerstag."
Lois: „Aha, geht es ihm schon wieder besser!"

Politik

Es klingelt das Telefon auf der Transplantations-Chirurgie: „Hätten Sie ein Gehirn für mich, ich möchte mich nämlich beruflich verbessern, vielleicht sogar eine Schulung machen", ertönt es durch die Leitung. Der Arzt antwortet: „Das tut mir leid, wir haben keines lagernd, aber geben Sie mir Ihre Telefonnummer, wir rufen Sie an, sobald etwas Passendes da ist." Ein Jahr später läutet das Telefon bei Herrn Huber: „Sie haben Glück, soeben haben wir ein Hirn für Sie erhalten", meint der Chirurg. Herr Huber lehnt jedoch ab: „Danke, ich brauche es nicht mehr, seit fünf Monaten bin ich nämlich Bürgermeister."

Immer diese Wunder

Einer Baronesse erscheint während des nächtlichen Spaziergangs durch den Schlosspark eine Fee. Da sich die Fee schon so lange im Park und auch im Schloss bewegen darf und ihr die Dame schon oft mit ihren Selbstgesprächen Unterhaltung geboten hat, gewährt sie der Gnädigen drei Wünsche. „Ich möchte, dass das Schloss renoviert in neuem Glanz erstrahlt", stammelt die Schlossbesitzerin ganz aufgeregt. Ein kleiner Wink in die Luft mit dem Zeigefinger, und schon ist der Wunsch erfüllt. „Juhu“, freut sich die Beschenkte und fügt sogleich hinzu, „ich möchte wieder jung und ohne Falten sein.“ Schwuppdiwupp, auch dieser Wunsch ist Wirklichkeit. Nach relativ kurzem Überlegen wünscht sie sich leicht errötend: „Und mein Kater soll zum jungen Prinzen werden.“ Hokuspokus, auch der dritte Wunsch ist der lieben Fee Befehl. Da eilt die Schöne, so schnell sie die Füße tragen, ins Schloss, um sich vom Zauber zu überzeugen. Plötzlich steht sie vor einem in Samt und Seide gekleideten Feschak. Mit laszivem Gesichtsausdruck haucht sie dem Jüngling zu: „Na, Murli-Schatz, woran denkst du, wenn du mich in diesem sexy Outfit siehst?“ Da entgegnet ihr der Prinz in hellem frechem Ton: „An letzten Mittwoch! Schade, dass du mich vorige Woche unbedingt kastrieren lassen musstest.“

Ländermatch (CD)

Ein Deutscher trifft im Fußballstadion auf einen Italiener und beginnt gleich zu schimpfen: „Also, das eine sage ich dir, Giovanni, so geht das nicht weiter! Alles, was ich aus Italien höre, heißt Dolce Vita. Ihr seid ja ne echte Belastung in der EU. Konzentriert euch mal aufs Arbeiten und nicht nur aufs Feiern. Wir Deutschen ackern und rackern von früh bis spät. Nimm dir ein Beispiel an mir! Gib mir 40 Tonnen Stahl, gib mir 14 Tage Zeit und ich baue dir die Titanic, so fleißig bin ich."

„Ach, ich Giovanni auch fleißig", antwortet der Italiener, „gib mir deine Tochter, gib mir eine Woche Zeit und ich machen dir Besatzung."

Trinksprüche

Einsam im Walde steht ein Försterhaus.
Die Försterin schaut bang hinaus:
„Wo mögen sie wohl bleiben, der Vater mit dem Sohn?"
Dort im Gebüsch, es raschelt schon.
Auf einer Bahre aus Holz
tragen sie den Vater, den Sohn – der Mutter Stolz,
und ihrer Brust entbrennt ein Schrei:
„Scho wieder b'soffen, die zwoa Säu!"

***

Ist es zu Ostern warm,
kommen die Verwandten und fressen dich arm.
Ist es zu Pfingsten heiter,
kommen die wieder und fressen weiter;
doch die Moral von der Geschicht',
vergiss beim Einkauf Chappi Hundefutter nicht:
Denn im Falle eines Falles
fressen Verwandte wirklich alles.

***

Wenn es draußen stürmt und wettert
und der Opa auf die Oma klettert
und drauf die Oma furchtbar wettert:
„Mensch, Gott, Opa, bist du deppert!"
und dem Opa schon das Holzbein tscheppert,
wenn dir also Gutes widerfährt,
das ist schon einen „Asbach Uralt" wert.

München find' ich wirklich wunderschön,
man kann von dort die „Eiserne Jungfrau" sehn;
und wenn sie nicht aus Eisen wär',
dann wär sie keine Jungfrau mehr!

***

Wo früher meine Leber war,
steht heute eine Minibar.

***

Gott schütze uns vor Sturm, Hagelschlag und Wind
und Liedern, die von Hansi Hinterseer sind.

***

Das Mädel ist so schön vom Fuß bis zum Hols,
doch dann kommt das G'sicht und verdirbt wieder ols.

***

Wenn's a Musik regnet und Weiberleit schneibt,
dann bitt' ich den Herrgott, dass 's Wetter so bleibt.

***

Die Ehe ist ein Übel,
ein bittersüßes Joch,
sie ist so wie die Zwiebel,
man weint und isst sie doch.

Mir träumt von den Ochsen,
mir tramb vo di Kiah,
ich träum von meiner Alten,
nur wos G'scheits tramb ma nia!

***

Es sprach ein alter Häf'nbruder
voller Wut in Stein:
„Wås, då gibt's koan Ålmdudler,
dånn gemma wieda heim!"

***

Ist deine Schwester schiach, årm und måga,
kriegst du nie im Leb'n an nett'n Schwåga.

***

Lieber Wein, beim Wirten stärkst du stets all meine Glieder,
doch wo der Dreck am tiefsten ist, haust du mich dann nieder.

***

Oh, wie arm ist doch der Auerhahn,
der im Jahr nur einmal balzen kann.
Etwas besser geht's dem süßen Reh,
es hat zwei Wochen liebesweh.
Jedoch der Mensch – oh welch ein Segen –
kann, falls er will, Tag für Tag der Liebe pflegen.
Er kann im Sommer, Herbst, im Winter
und dann auch noch im Lenz:
Gott schütze uns vor Impotenz!

***

Wer im Winter einen hebt,
hat den Herbstbock überlebt.

***

Ein leeres Glas,
was ist denn das?
Halt! Soeben kommt's mir in den Sinn,
das ist ein Glas mit gar nichts drin.

***

Fährst du rückwärts an den Baum,
verkleinert sich der Kofferraum.

Je höher die Alm, desto schärfer der Wind,
je schöner das Dirndl, umso schneller a Sünd'.

***

Lieber Schnaps,
das ist kein Klacks,
du haust mich täglich einmal nieder,
doch ich steh auf und sauf dich wieder.

***

Ich werd' den Morgenschwur jetzt spritzen,
ich hab' heut' lieber einen sitzen.

Zehn goldene Regeln

1.

Studieren Sie die Gesellschaft, bevor Sie mit einem Witz loslegen, so vermeiden Sie „Fettnäpfchen“.

2.

Erzählen Sie kurz und in prägnanter Sprache!

3.

Vermeiden Sie einen monotonen Erzählton!

4.

Versuchen Sie Witze zu spielen und nicht nur zu erzählen!

5.

Je länger ein Witz dauert, umso bedeutender sind Mimik und Gestik. Arbeiten Sie mit verschiedenen Stimmlagen, mit unterschiedlichen Dialekten, mit lustigen Versprechern u. a. m. Je abwechslungsreicher der Vortrag, umso höher wird die Aufmerksamkeit!

6.

Erzählen Sie nie zu lange – weniger ist oft mehr!

7.

Beantworten Sie die Frage „Kennen Sie den?“ stets mit einem Nein. Auch wenn es noch so mühsam ist, Bekanntes anzuhören, vielleicht gibt es eine kreativere Annäherung, eine lustige Zwischenbemerkung oder gar eine andere – eine „neue“ Pointe. Man lernt fast immer dazu!

8.

Wenn sich in einer illustren Runde ein wahrer Witzeprofi erkennen lässt, dann genießen Sie seinen Vortrag, und fühlen Sie sich nicht bemüßigt, ebenfalls loszulegen. Wer will schon hinter Hermann Maier die Streif hinunterfahren oder hinter Hans Krankl zum Elfmeter antreten!

9.

Nehmen Sie nie einem Erzähler die Pointe vorweg! Sie verscherzen es sich nämlich nicht nur mit ihm, sondern auch mit den gespannten Zuhörern.

10.

Drängen Sie sich nie einer Gesellschaft mit einem Witz auf, sondern warten Sie auf den „idealen“ Zeitpunkt! Wer stört, verliert. Bedenken Sie stets, ein Abend kann auch ohne Witz unglaublich unterhaltsam und lustig sein.

Liste der CD-Tracks

	Titel	Länge
• 1	Begrüßung	00:17:73
• 2	Beim Arzt	00:58:32
• 3	Ein Steirer auf Reisen	01:48:39
• 4	Tirol 1809	02:32:48
• 5	Auf der Rennbahn	02:02:15
• 6	Die armen Sünder	02:00:21
• 7	Gut kombiniert	01:51:74
• 8	Schock total	00:21:28
• 9	Der Nightliner	01:00:20
• 10	Ein kluges Schweindl	02:19:74
• 11	Urlaub in der Schweiz	01:46:24
• 12	Fotosafari	01:49:02
• 13	Die Verkehrskontrolle	01:10:42
• 14	Die Muggi	02:45:02
• 15	So klug sind manche Mädchen	01:27:43
• 16	Ärztliche Hilfe	02:05:25
• 17	Wie ich sterben möchte	00:31:42
• 18	In der Tierwelt	01:09:57
• 19	Verzweifelte Suche	00:49:09
• 20	Böse Überraschung	00:38:74
• 21	Seniorenwitz	01:04:15
• 22	Zwei Senioren	00:28:69
• 23	Ländermatch	00:40:09
• 24	Hans Moser	05:48:25
	Bonusmaterial:	
• 25	Der Ziaglaufzug	02:21:67
• 26	Dowido	03:20:68
• 27	Die Badehose	02:14:63

Cut 2, 3, 4, 5, 9, 10, 12, 13, 14, 24
mit freundlicher Genehmigung von Koch Universal

HARRY PRÜNSTER

Geboren in Schwaz/Tirol, Ausbildung zum Lehrer
für Deutsch und Leibesübungen.
Noch während seiner Schulzeit Start der Karriere im ORF,
zunächst Radio Tirol, danach als Moderator im TV
unter anderem »Gaudimax«, »Spaß im Schnee«,
»Achtung Kamera«, »Alle Neune«,
»Oh du mein Österreich« und »Harrys liabste Hütt'n«
und bei unzähligen Events.

REINHARD HABECK

Geboren in Wien; selbständig als Schriftsteller
und Illustrator, Schöpfer zahlreicher Comic-Serien,
darunter „Rüsselmops, der Außerirdische“,
eine Humorreihe, die wöchentlich im „Kurier“
veröffentlicht wird;
Habeck schreibt über skurrile
„Dinge, die es nicht geben dürfte“
und publizierte zu diesem Thema viele Bücher;
bei Ueberreuter erschienen seine Erfolgstitel
„Geheimnisvolles Österreich“ und
„Wundersame Plätze in Österreich“.

NOCH ETWAS ZU GUTER LETZT:
WUSSTEN SIE, DASS DER ANFANG
VOM ENDE STETS DAS „E" IST?
UND WUSSTEN SIE AUCH, DASS DAS ENDE
VOM ENDE DIESES WITZBUCHES
EBENSO DAS „E" IST? NEIN?
BITTE ÜBERZEUGEN SIE SICH SELBST...
ENDE
HABECK